Köstlich lustiges Kawaii-Essen Malbuch

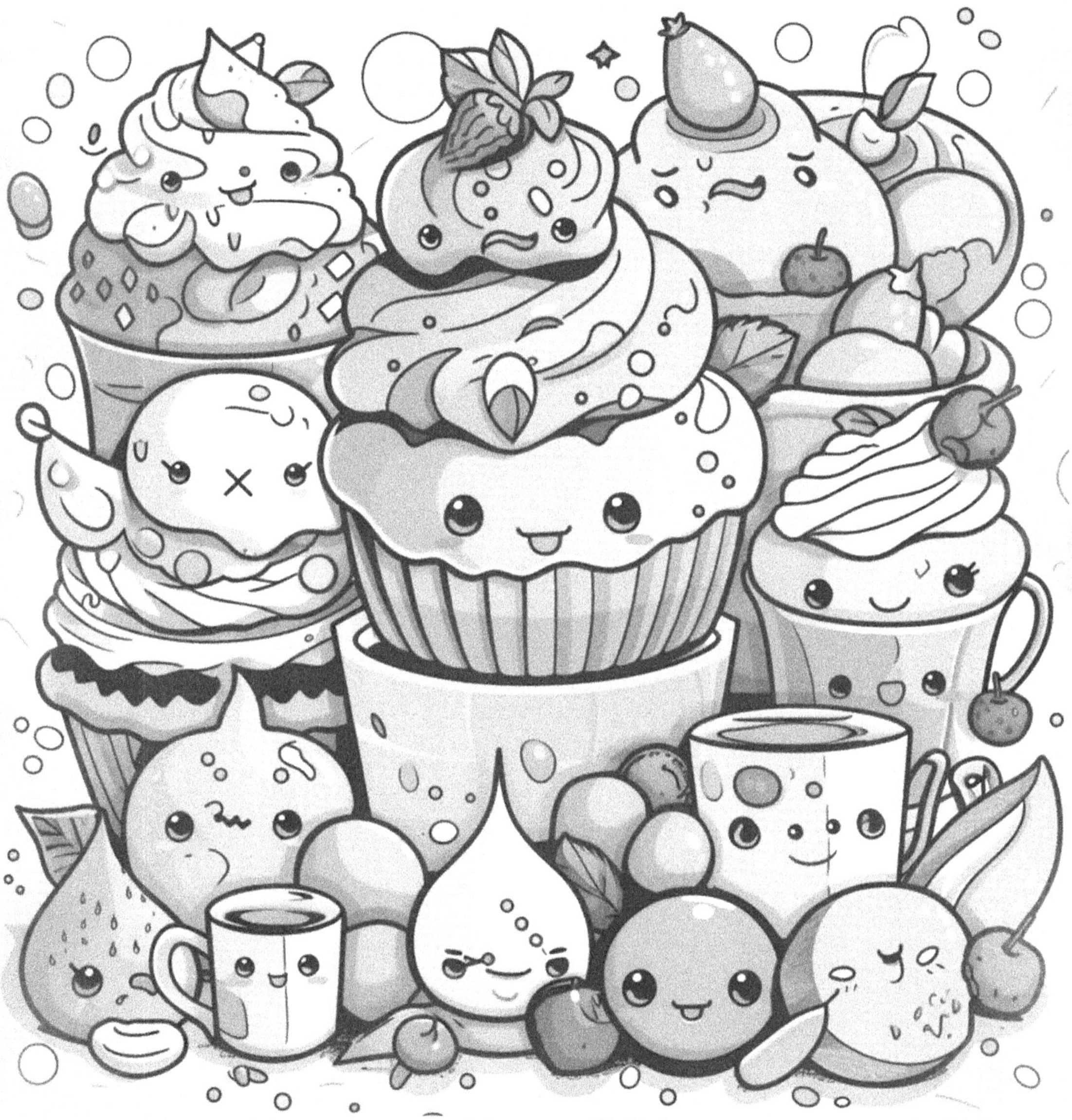

Art and Japan Editions

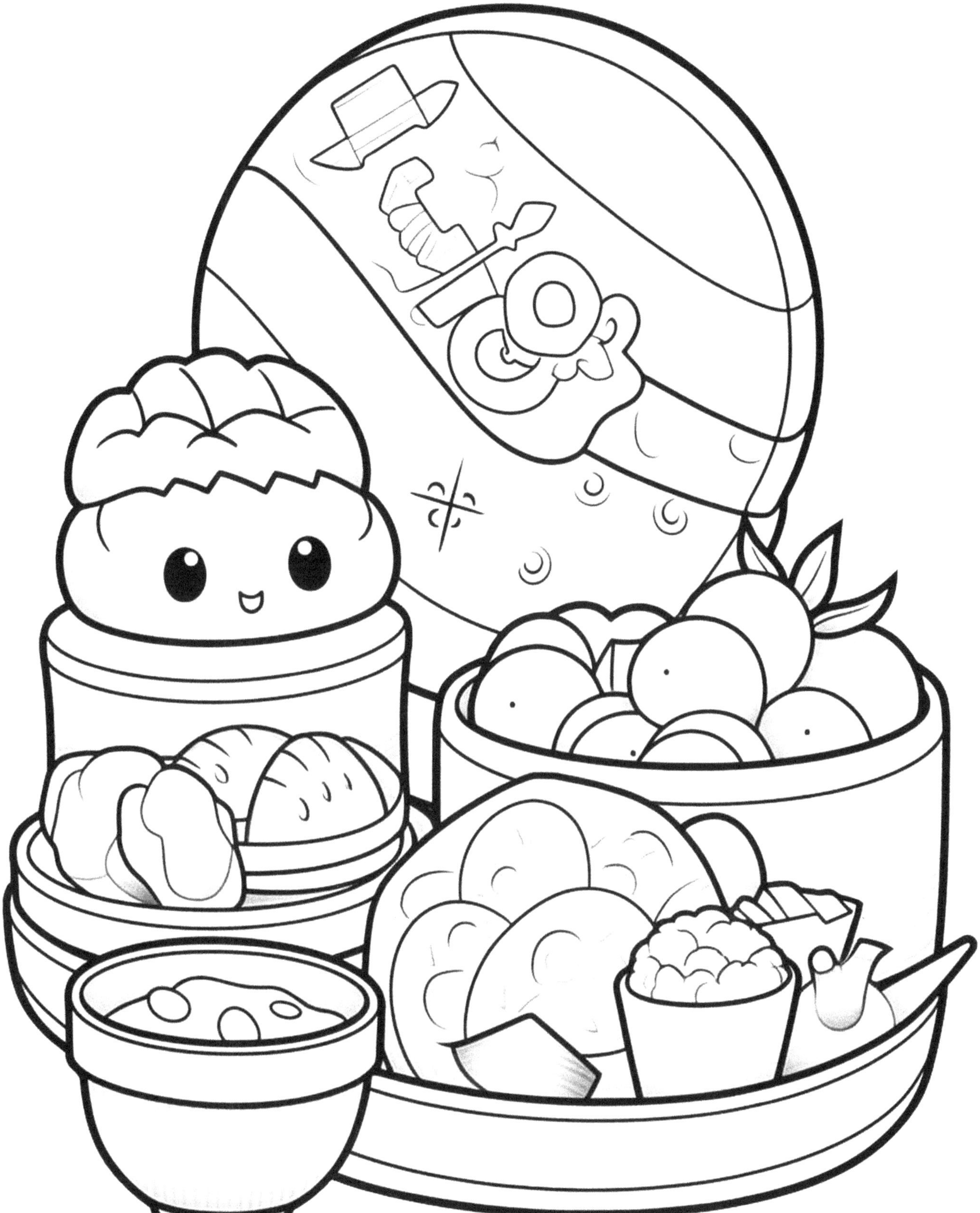

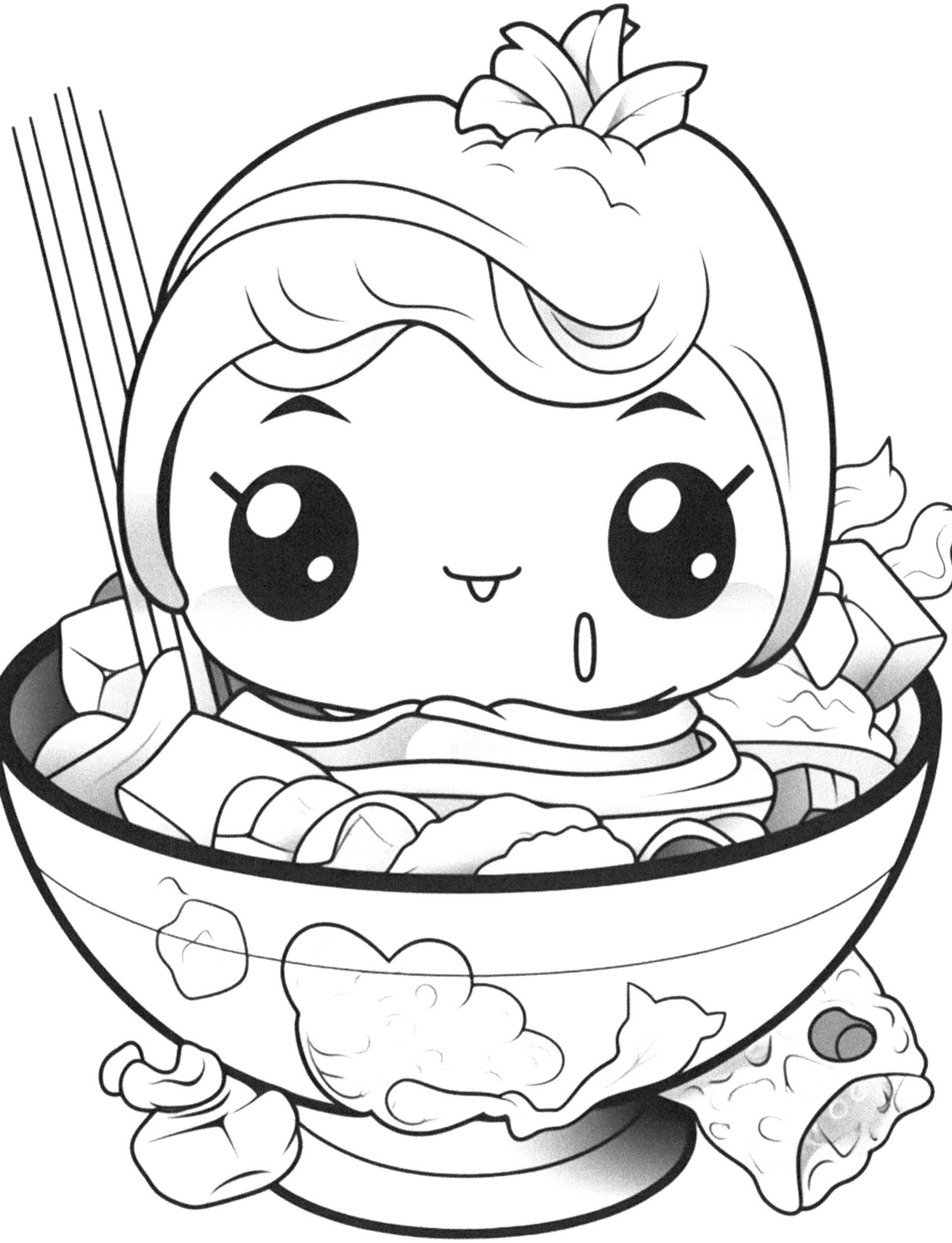

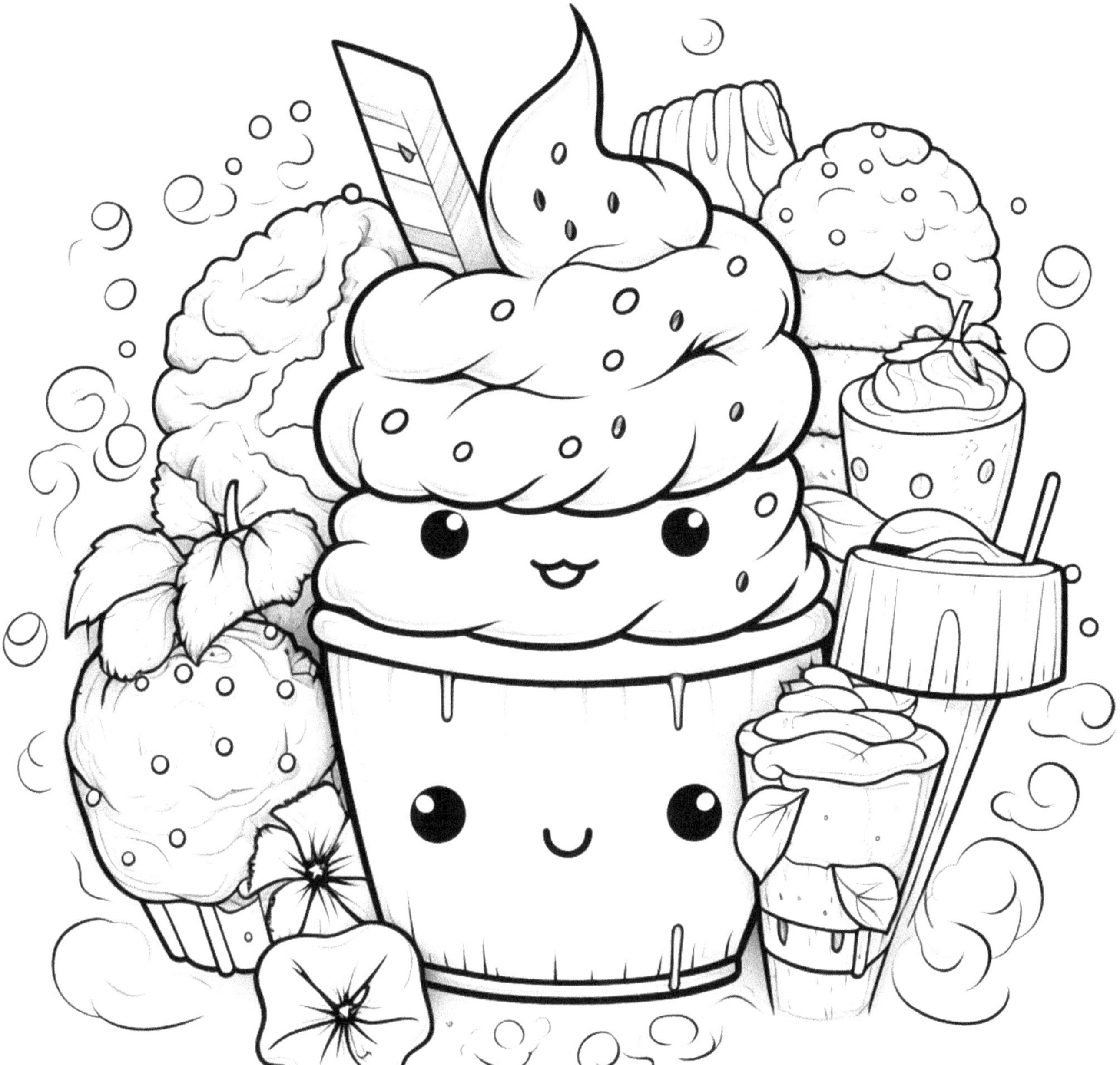

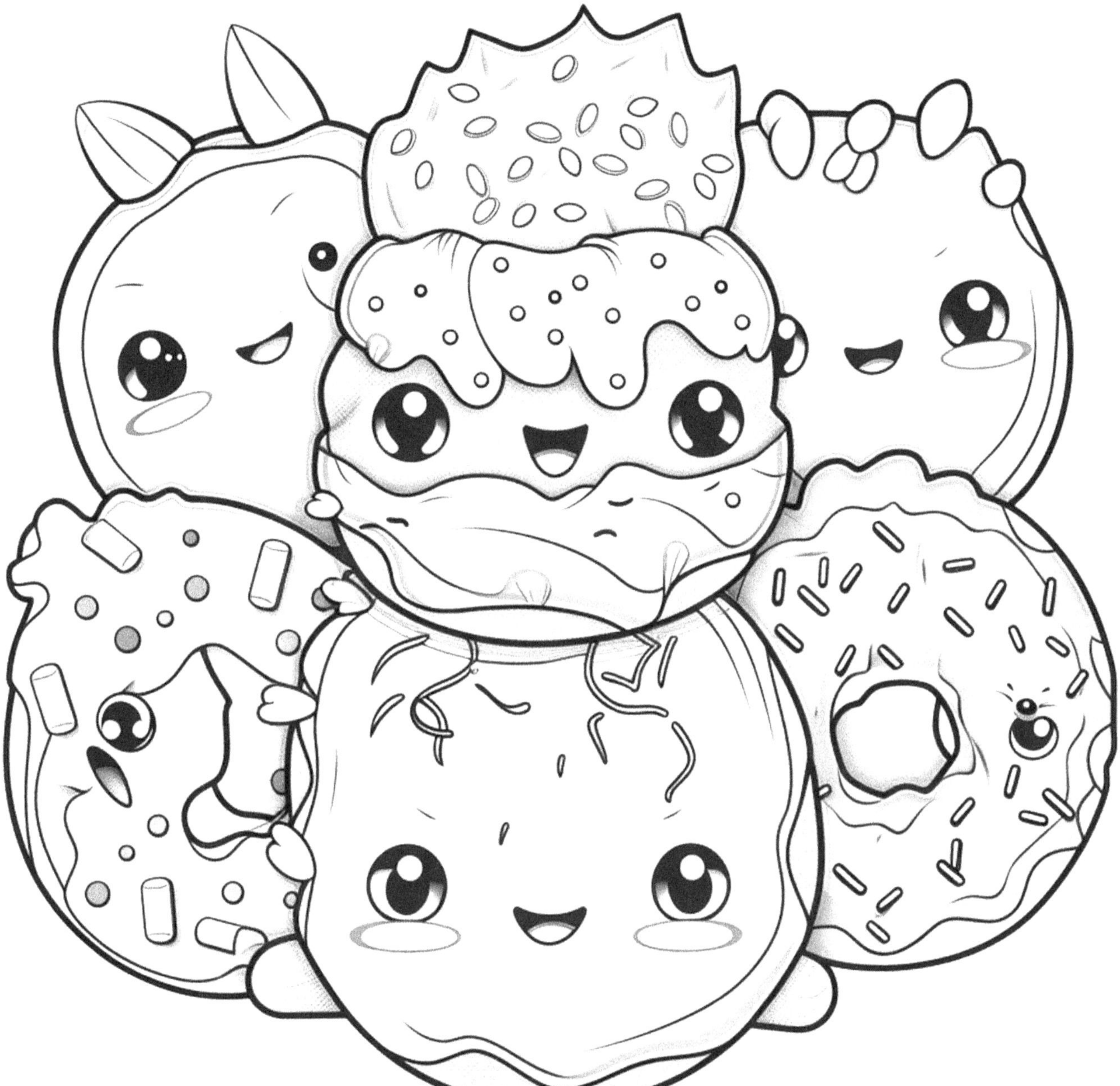

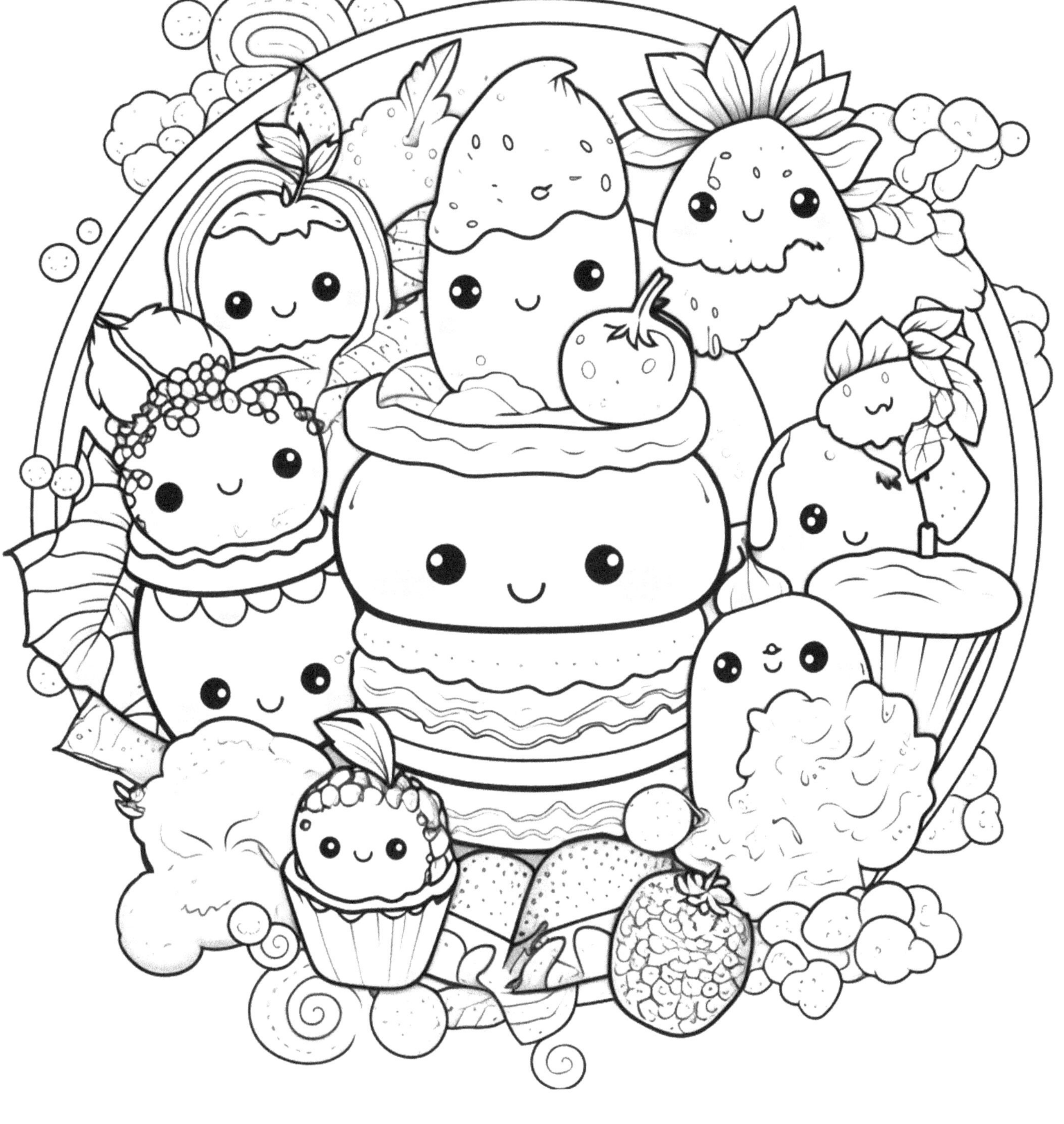

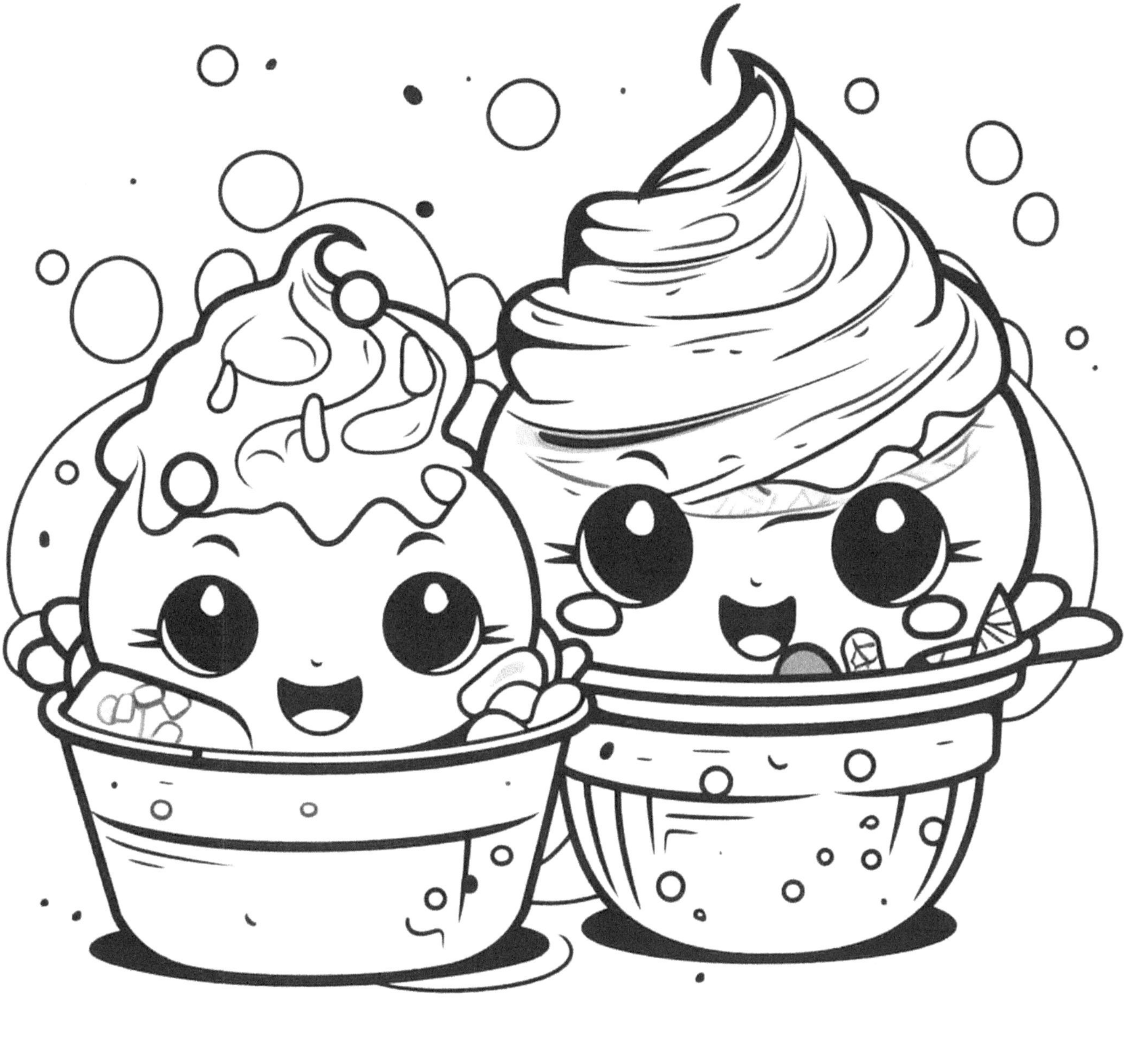

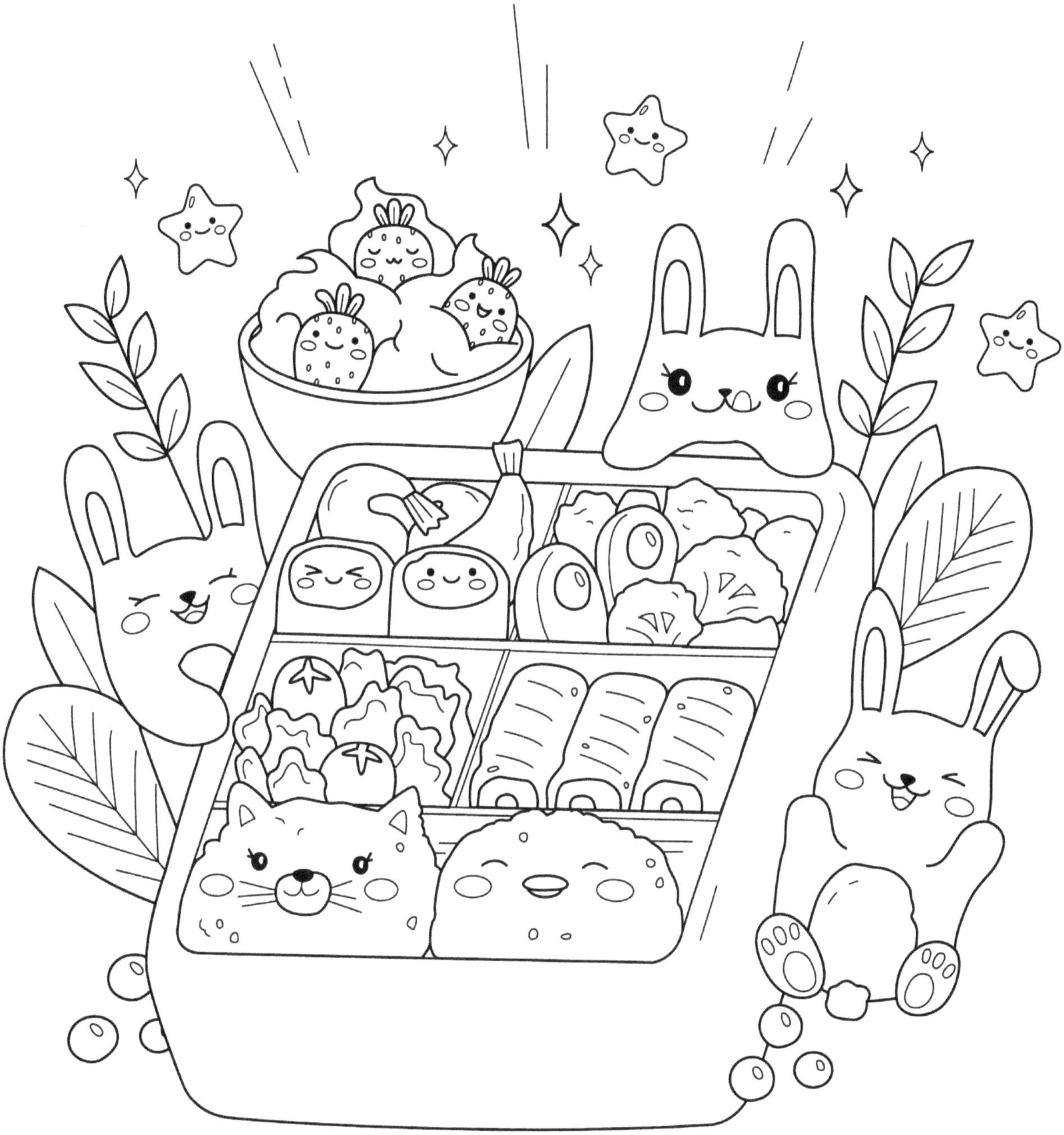

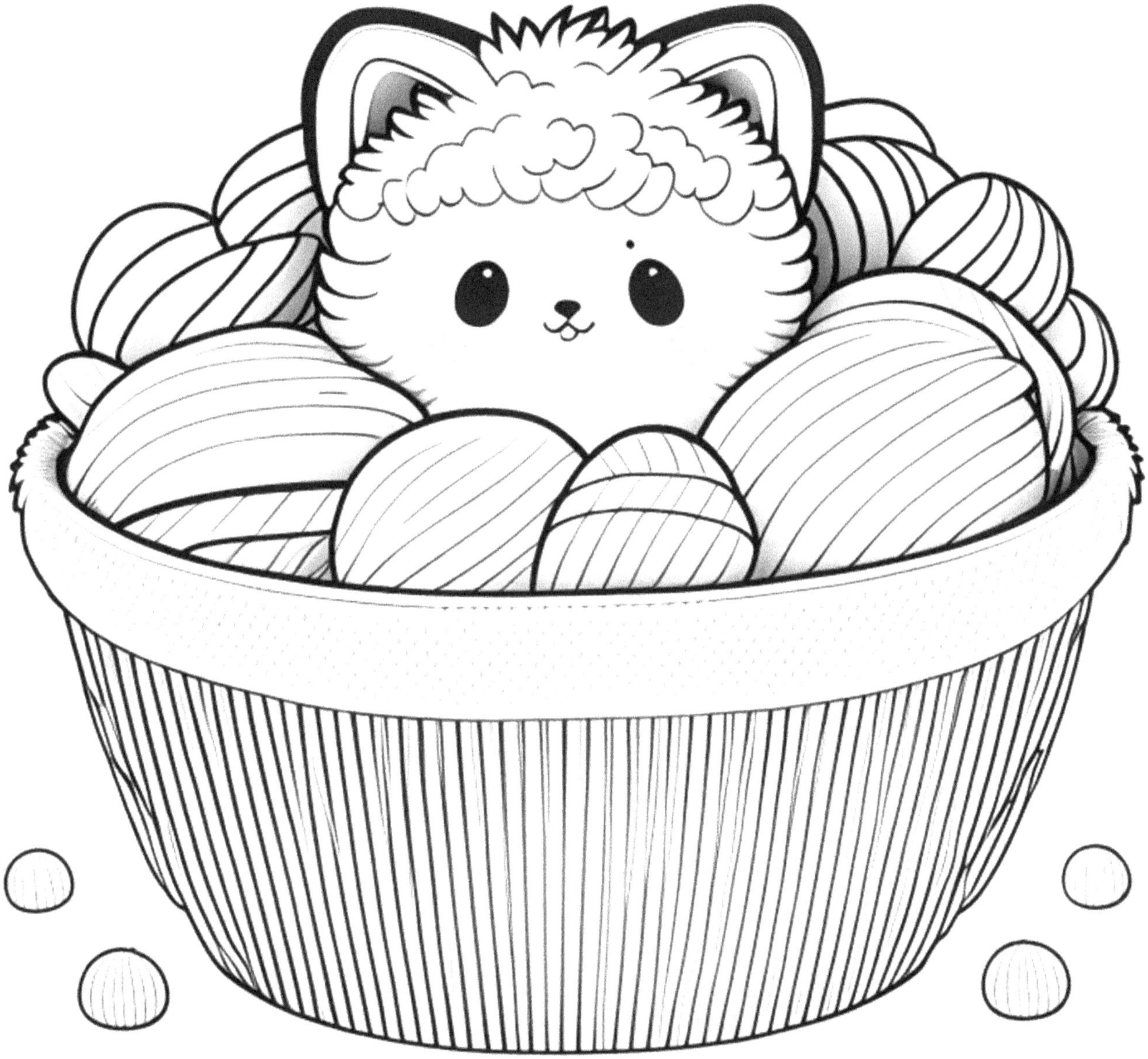

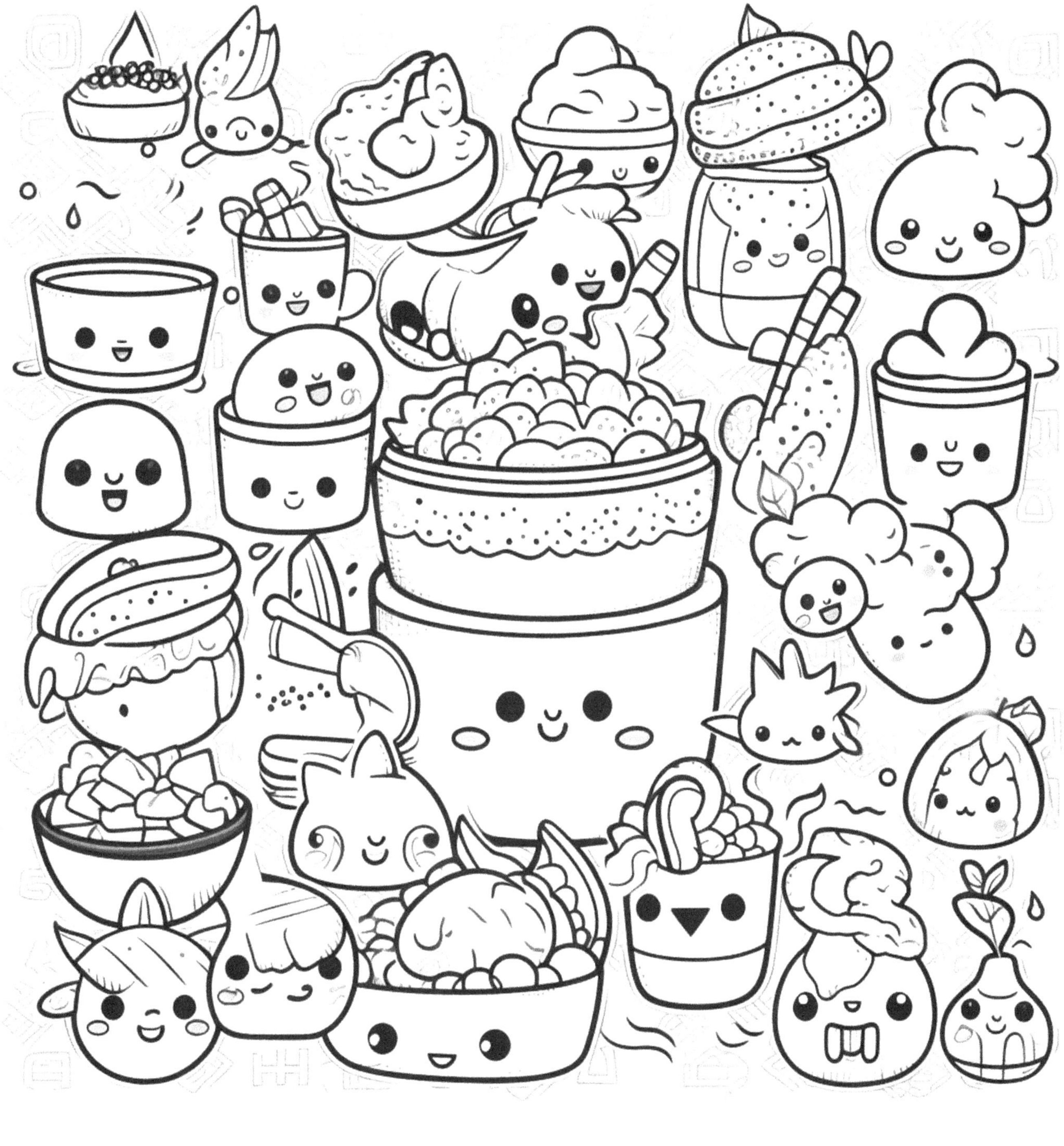

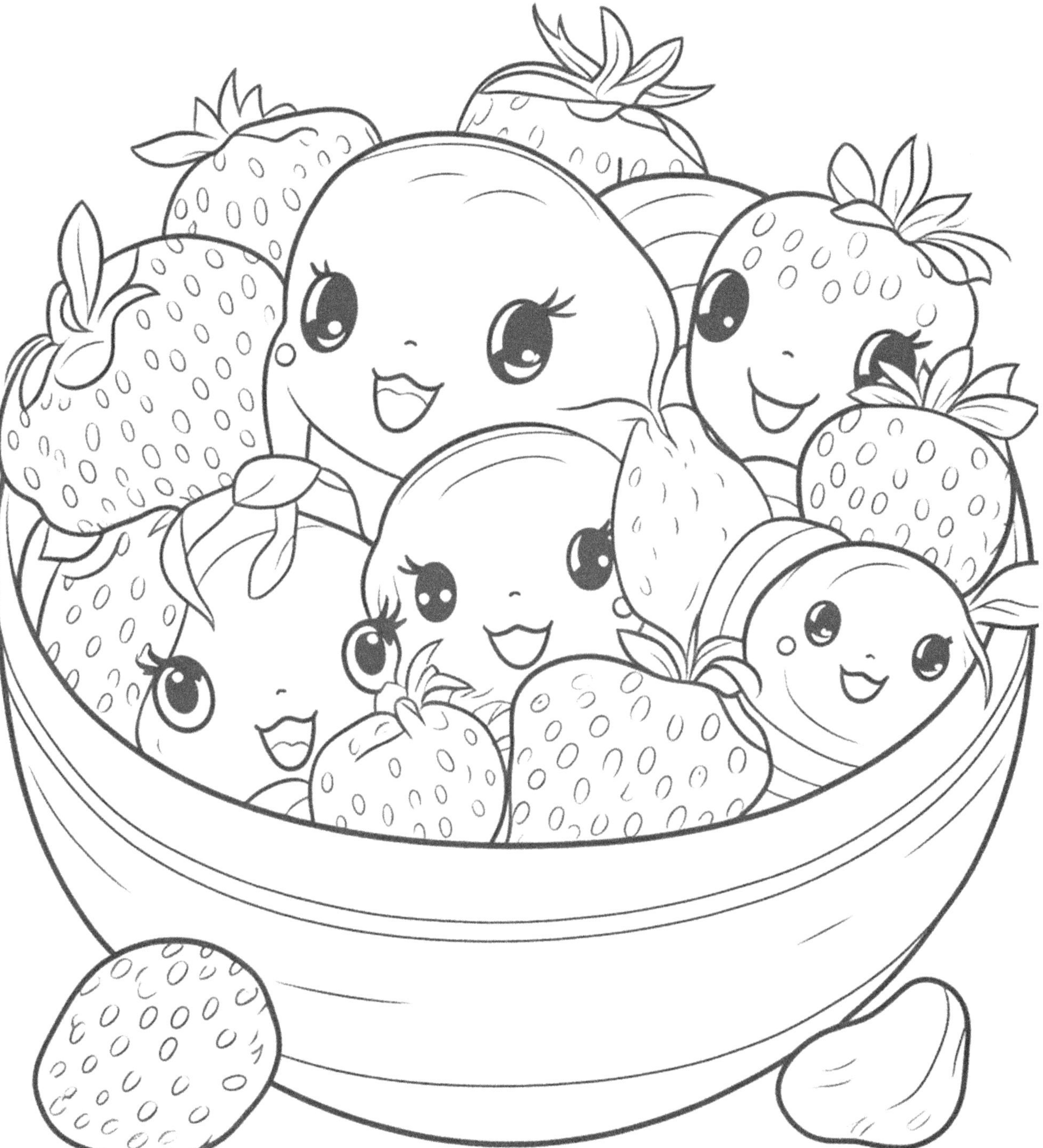

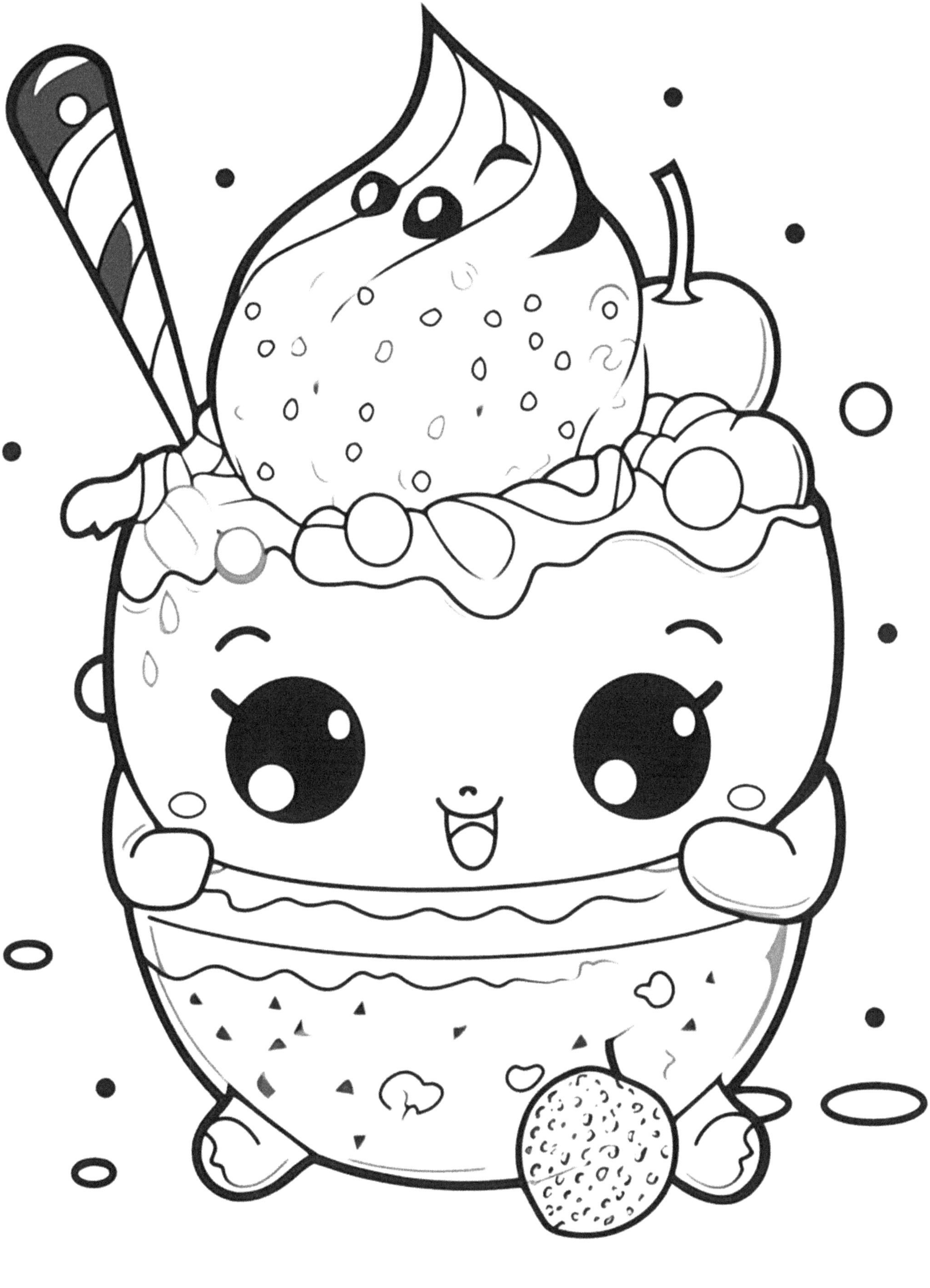

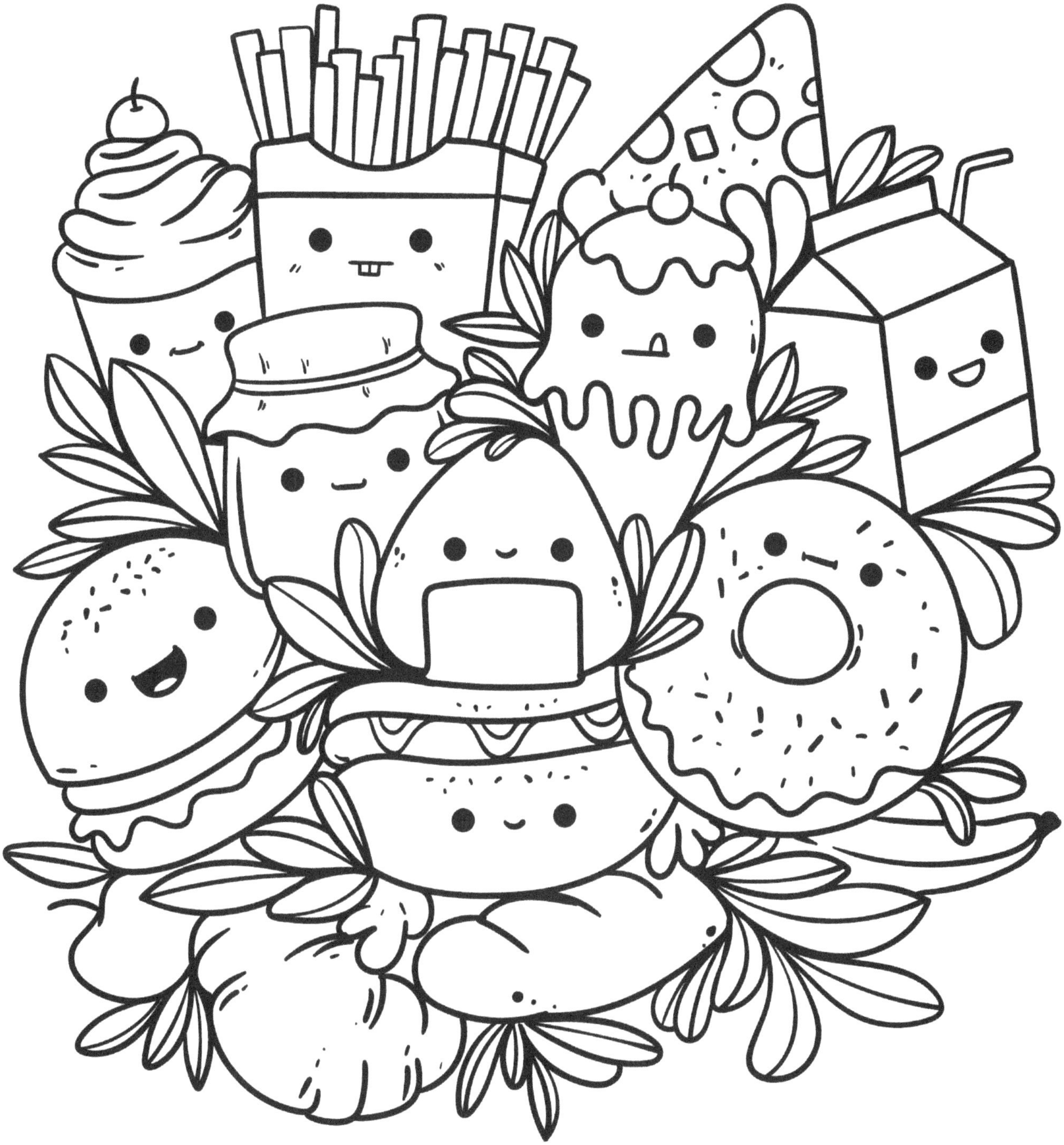

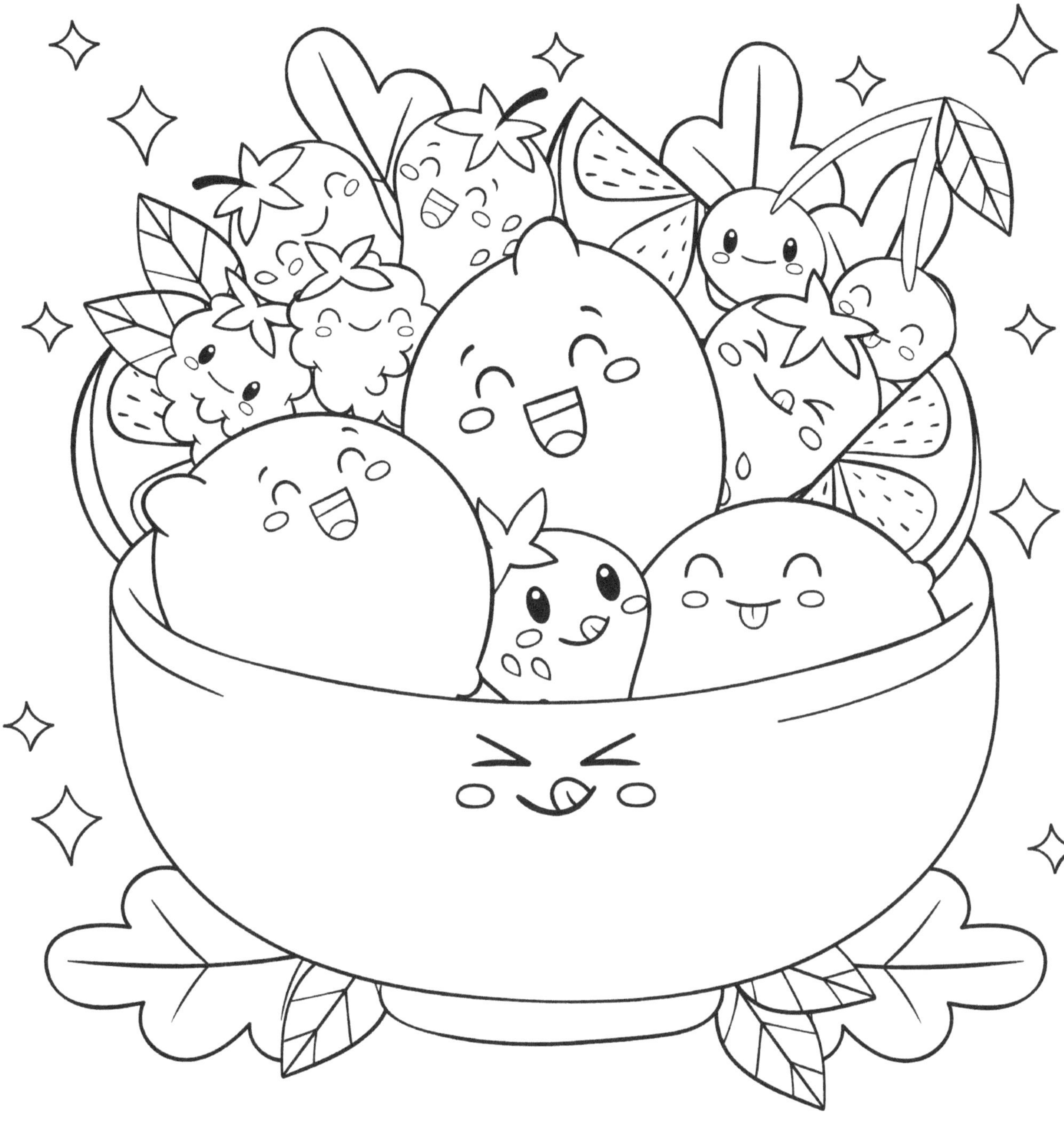

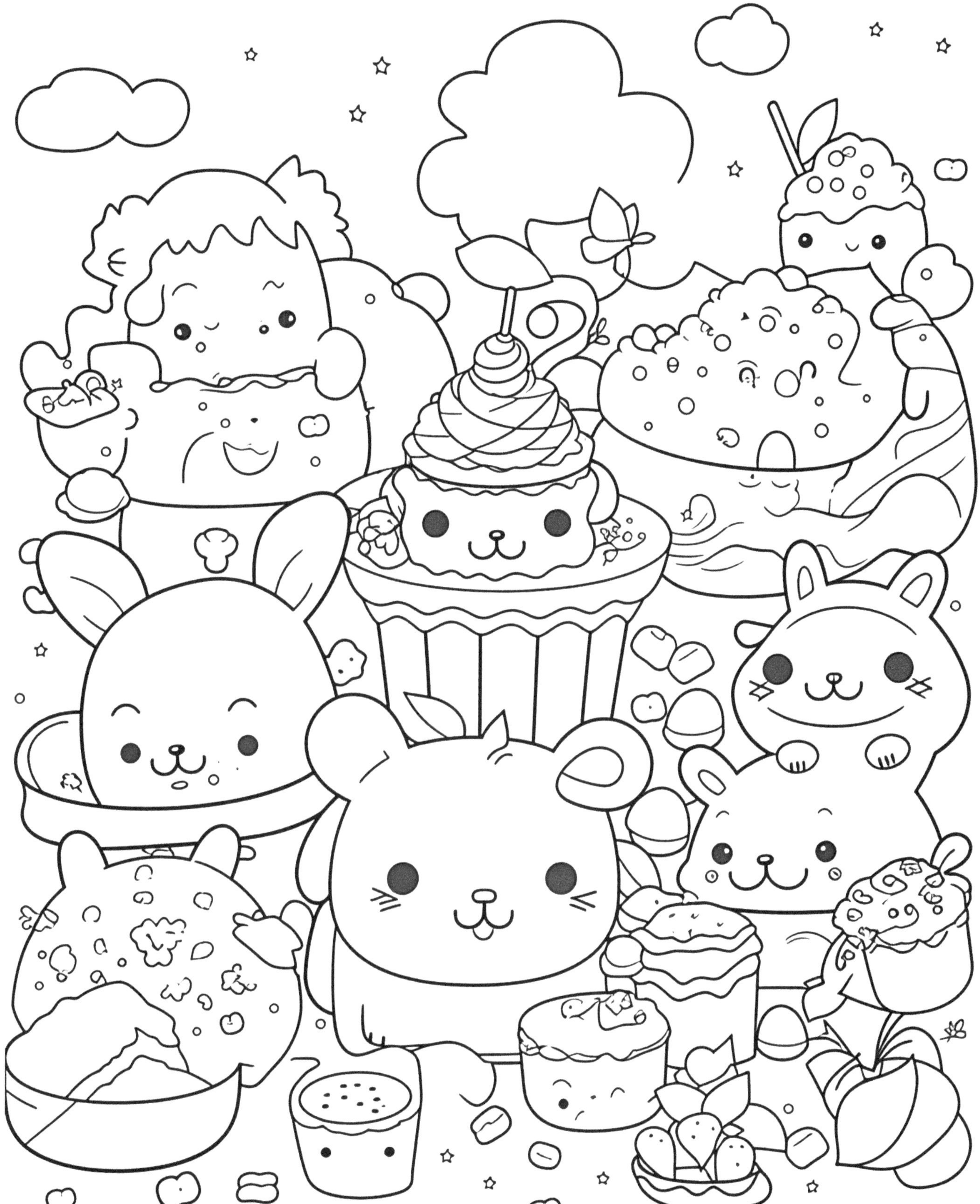

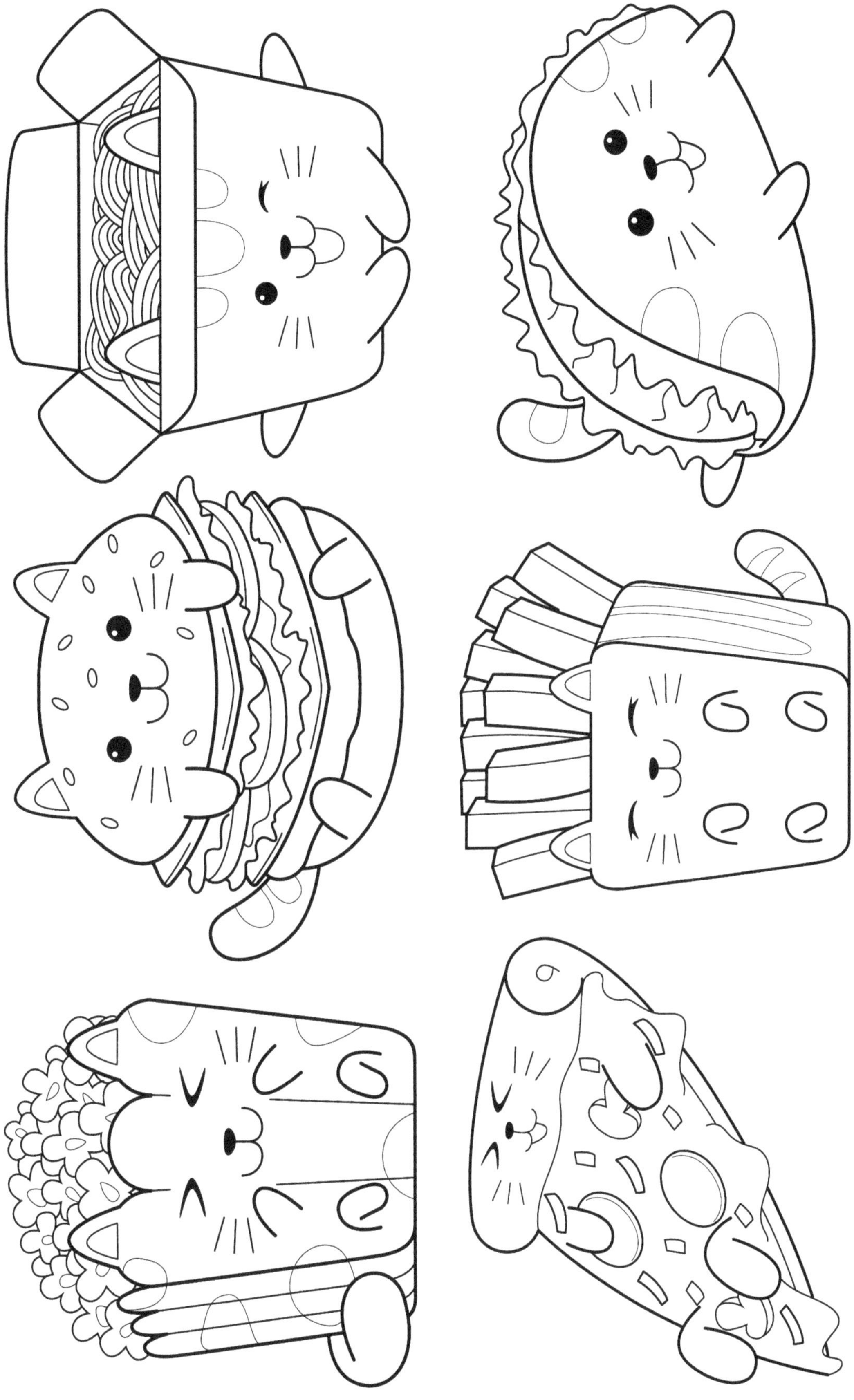

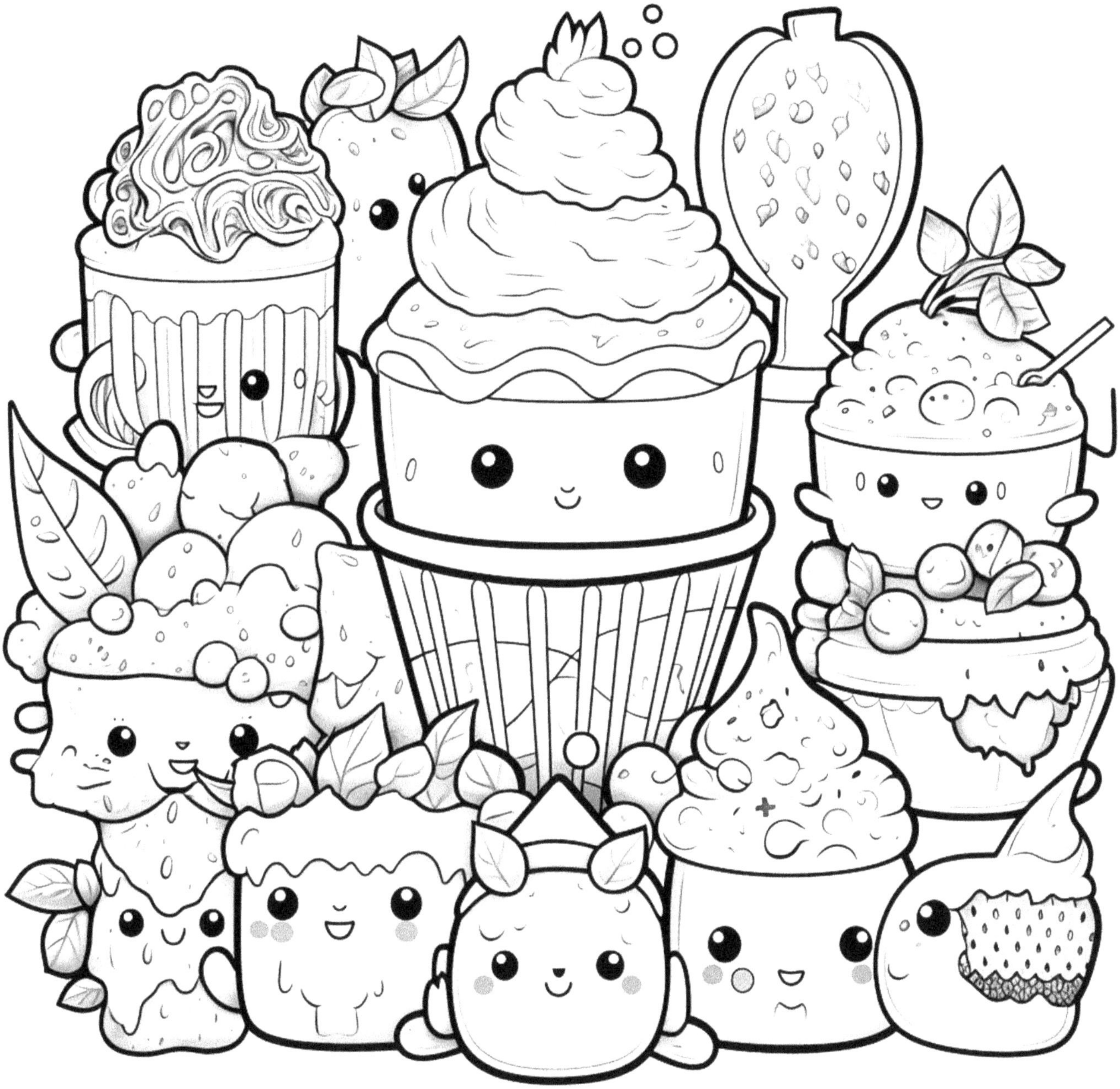

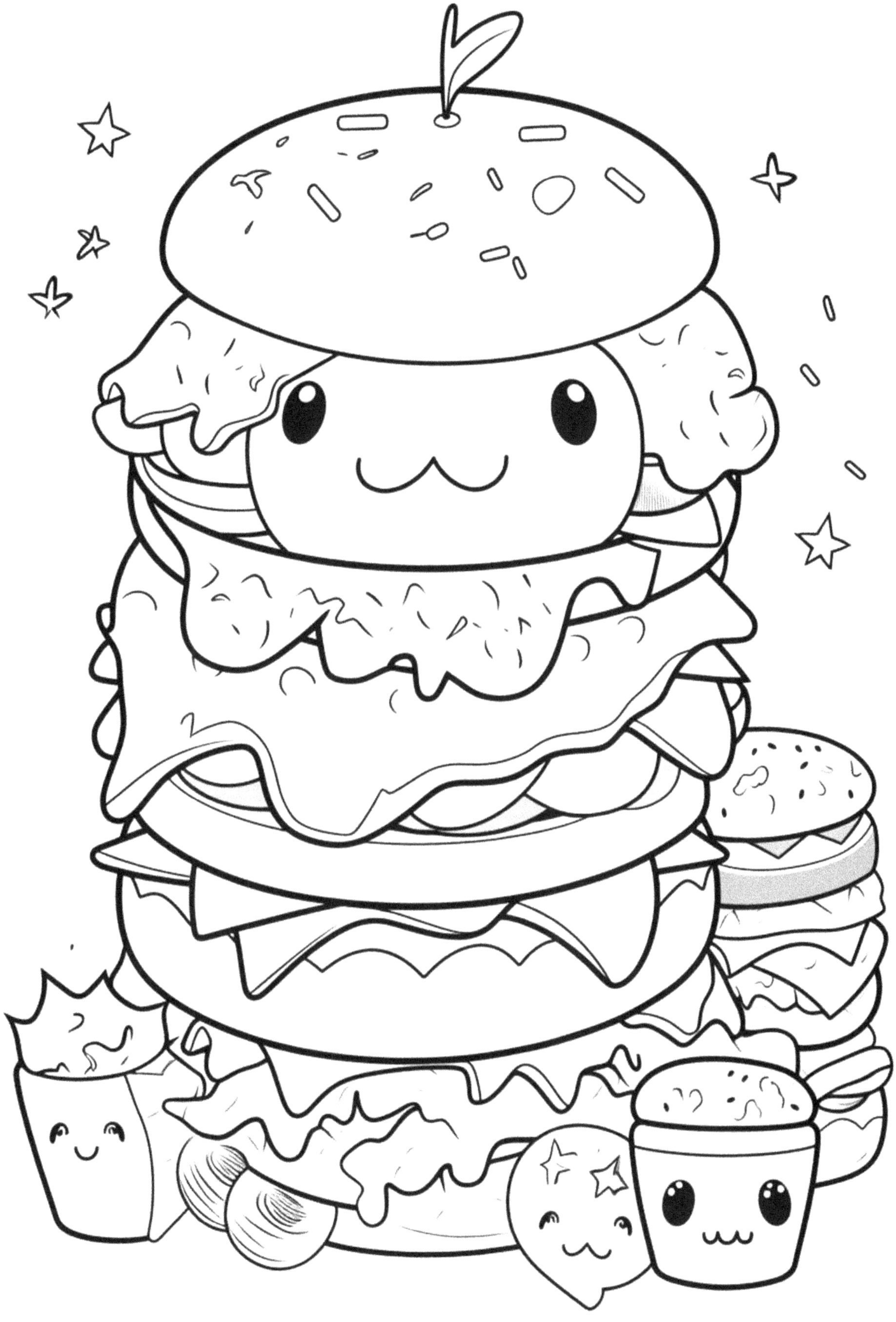

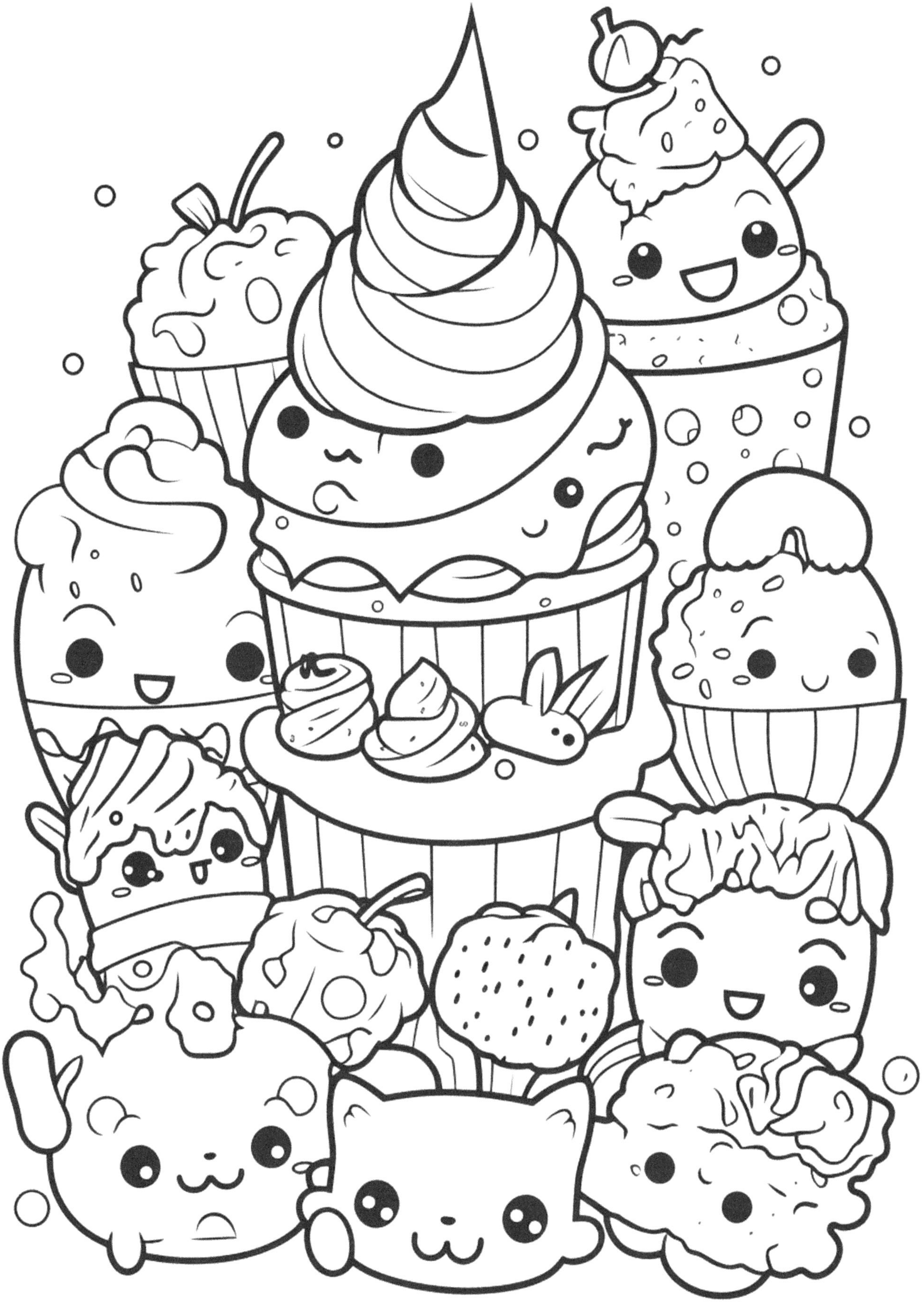

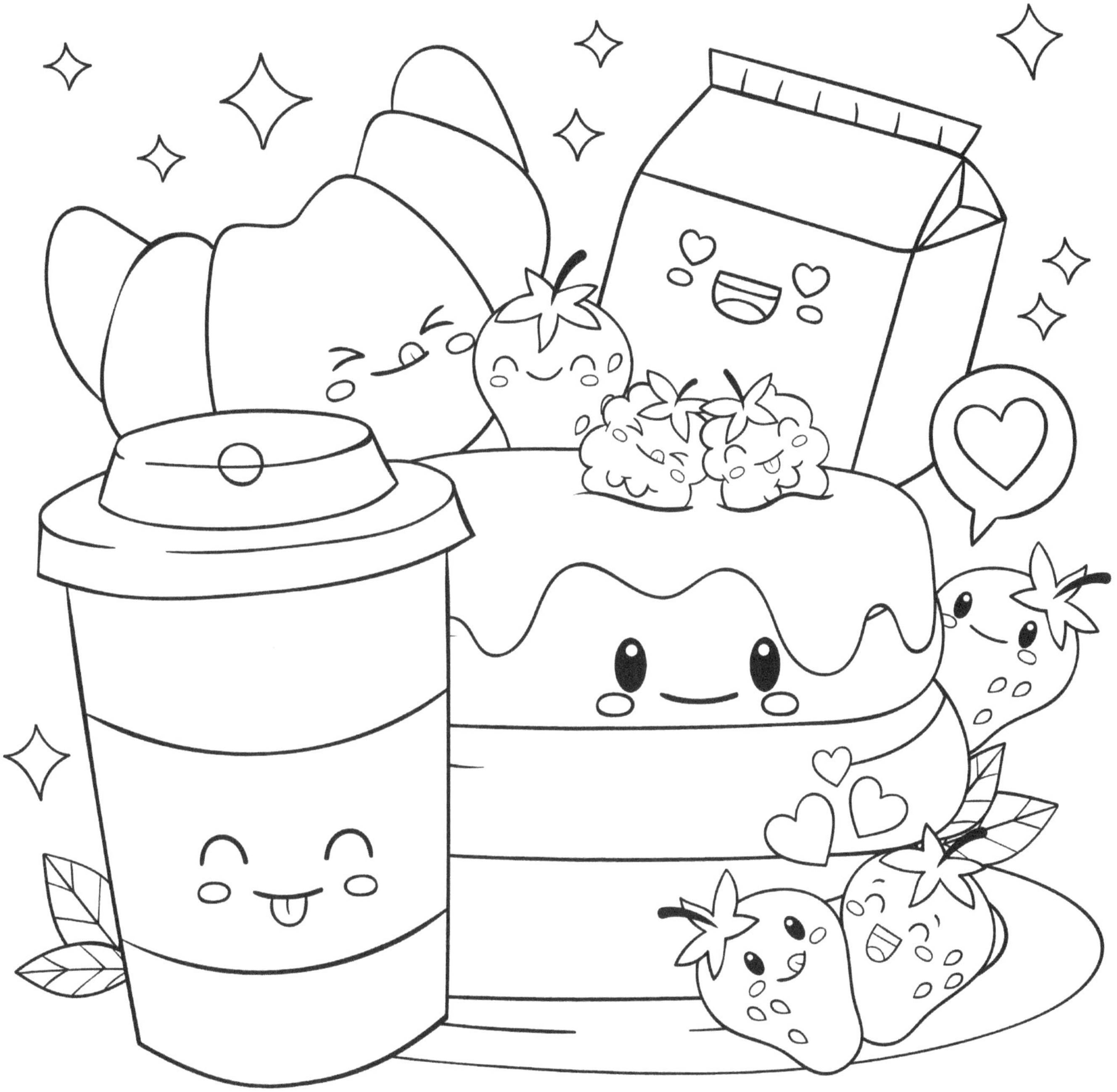

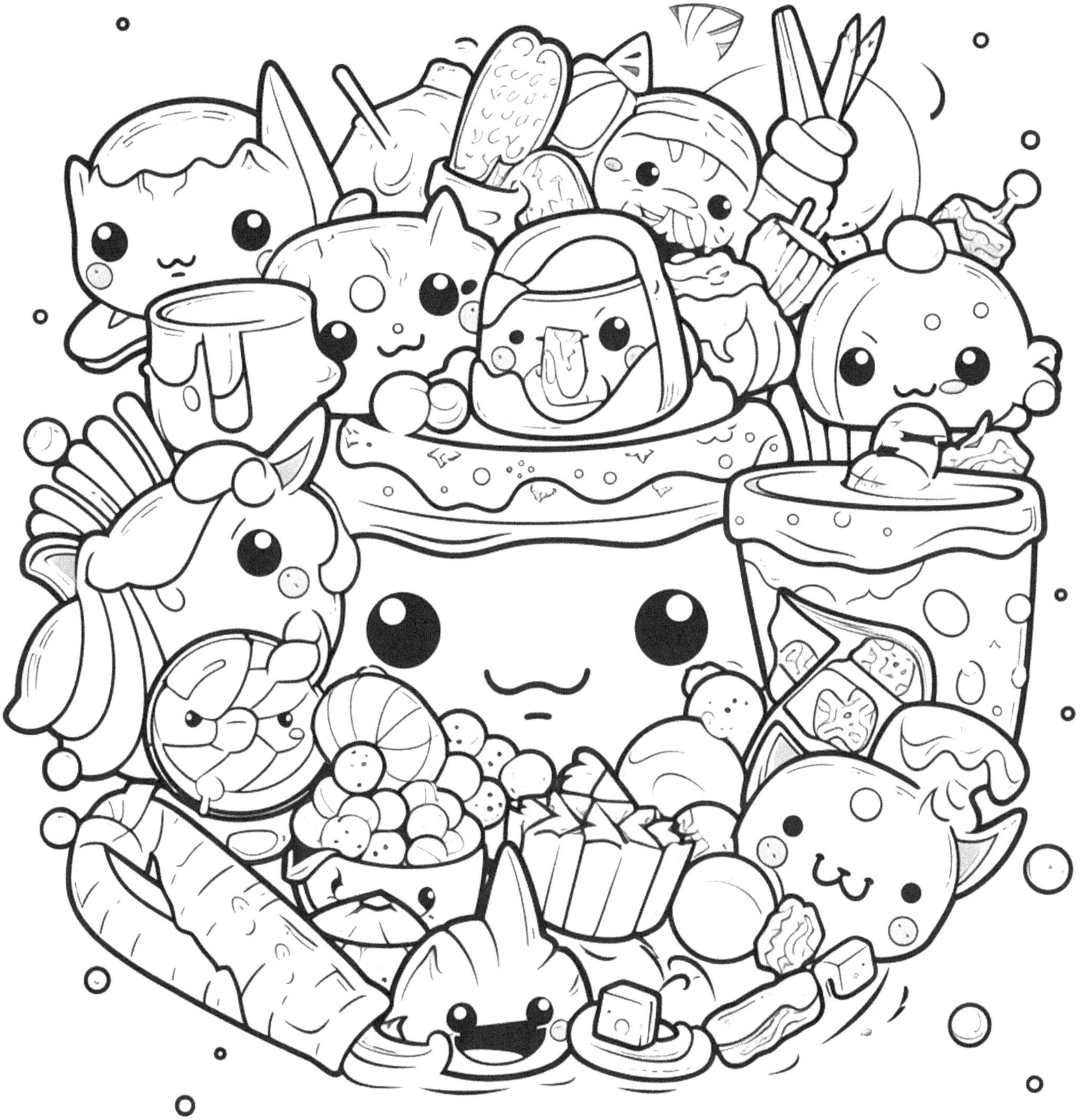

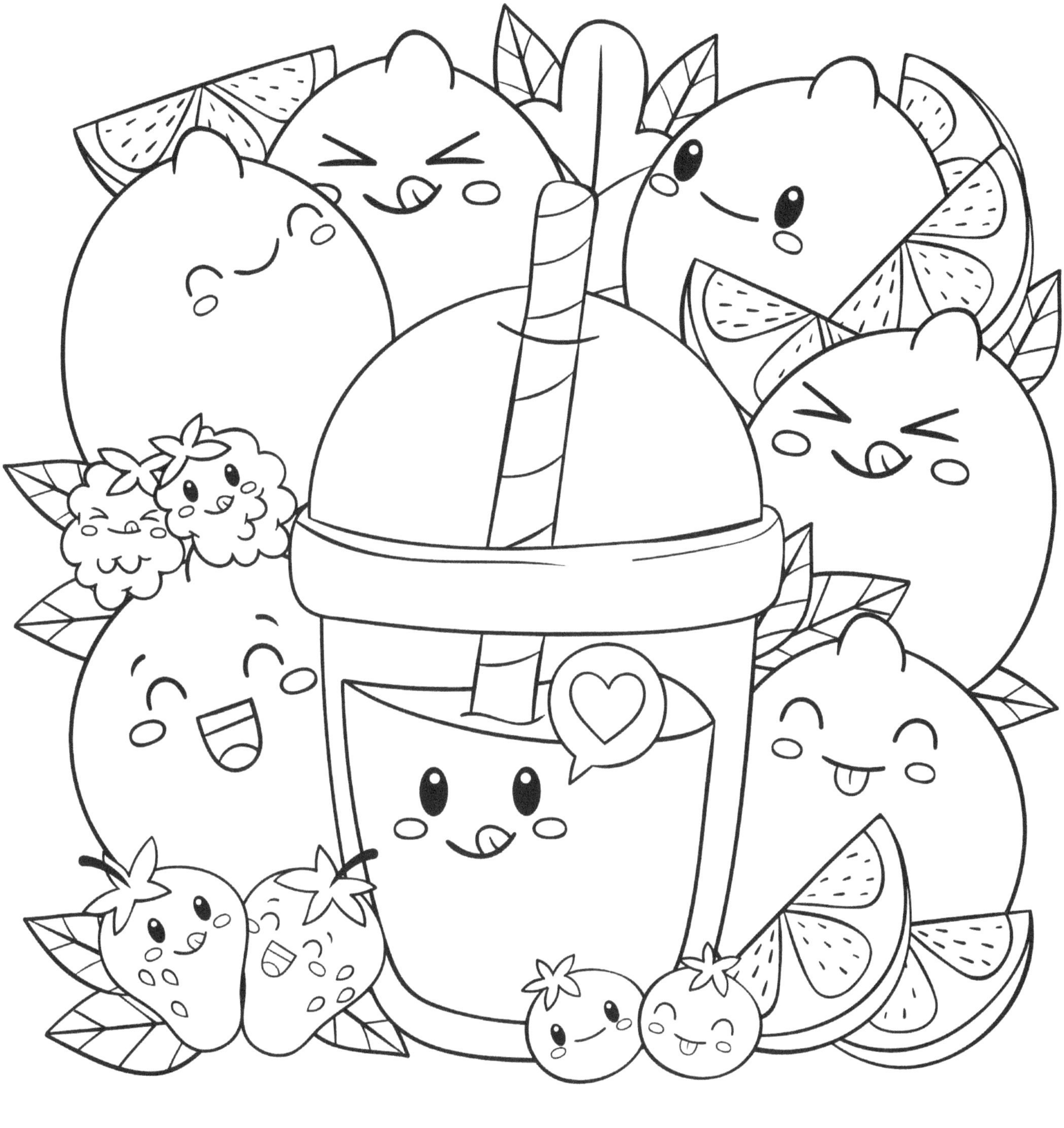

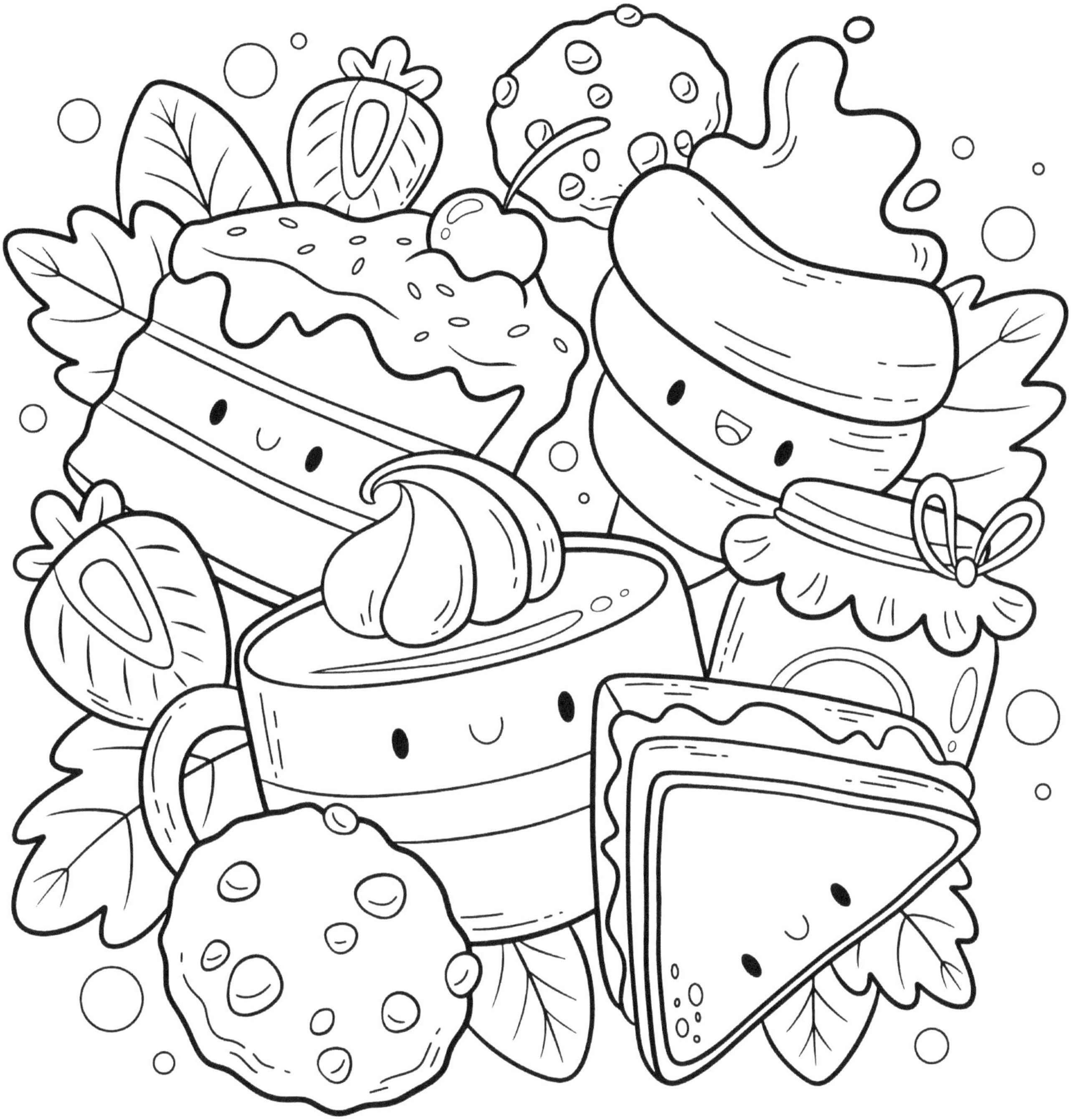

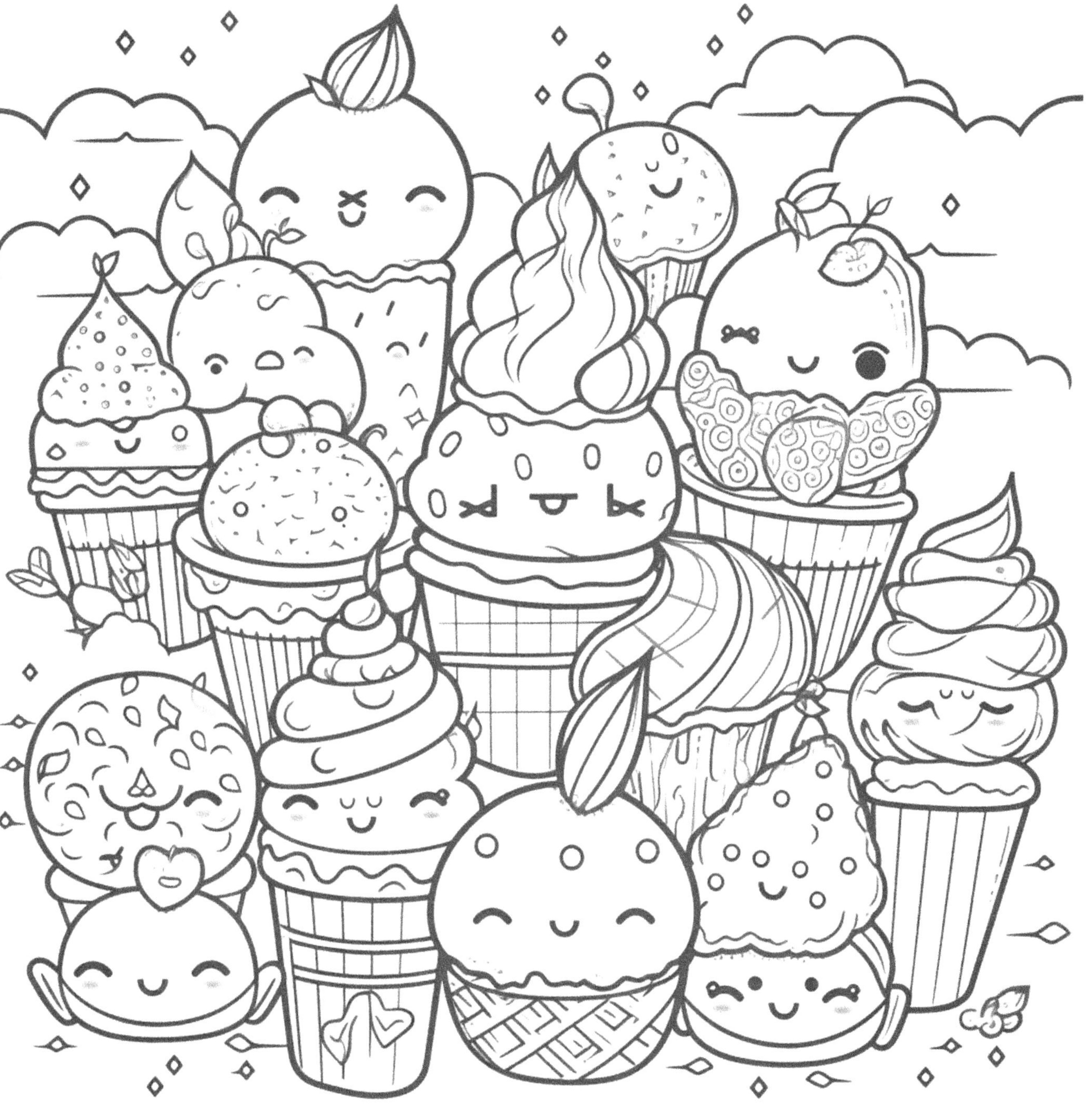

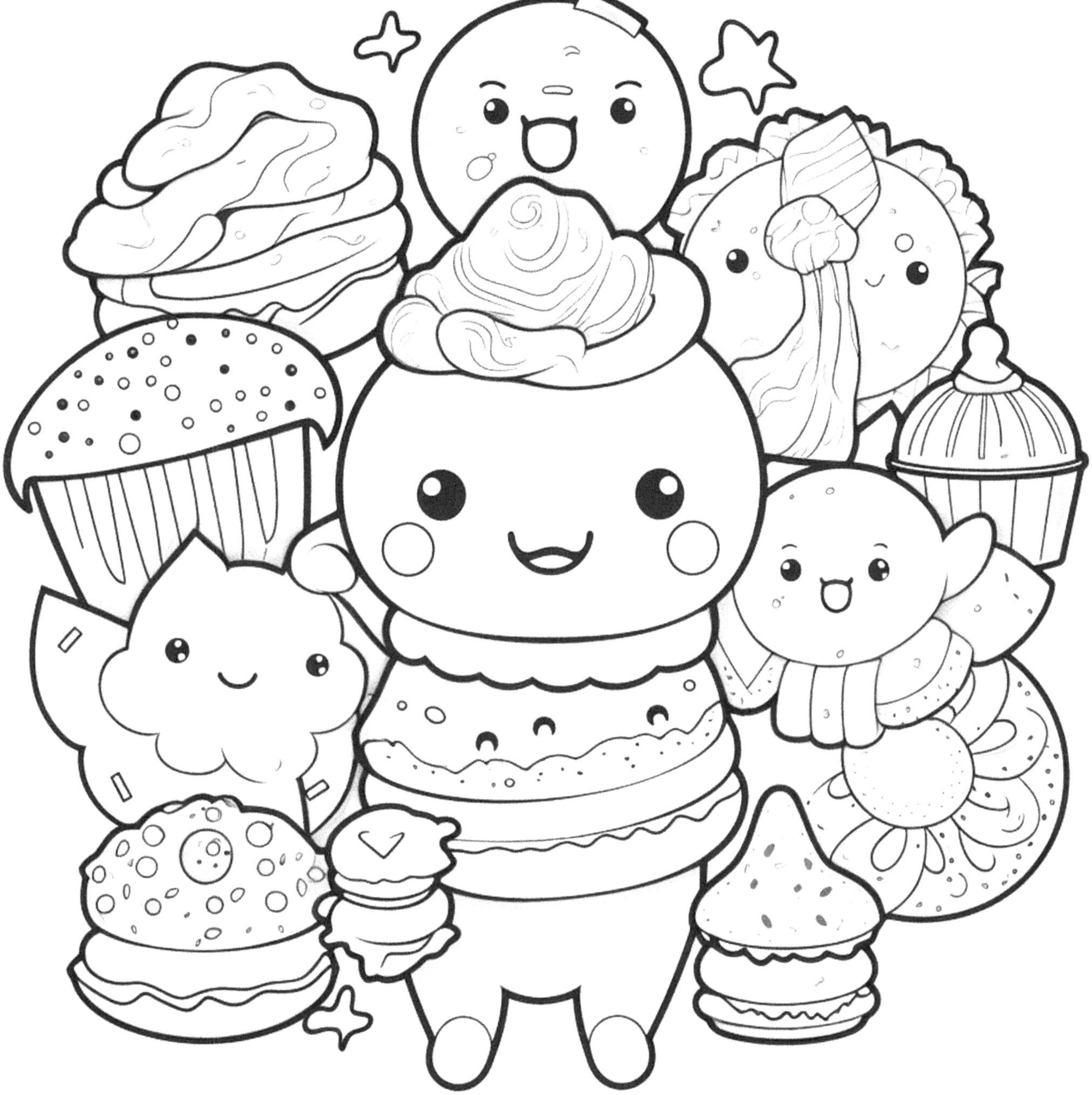

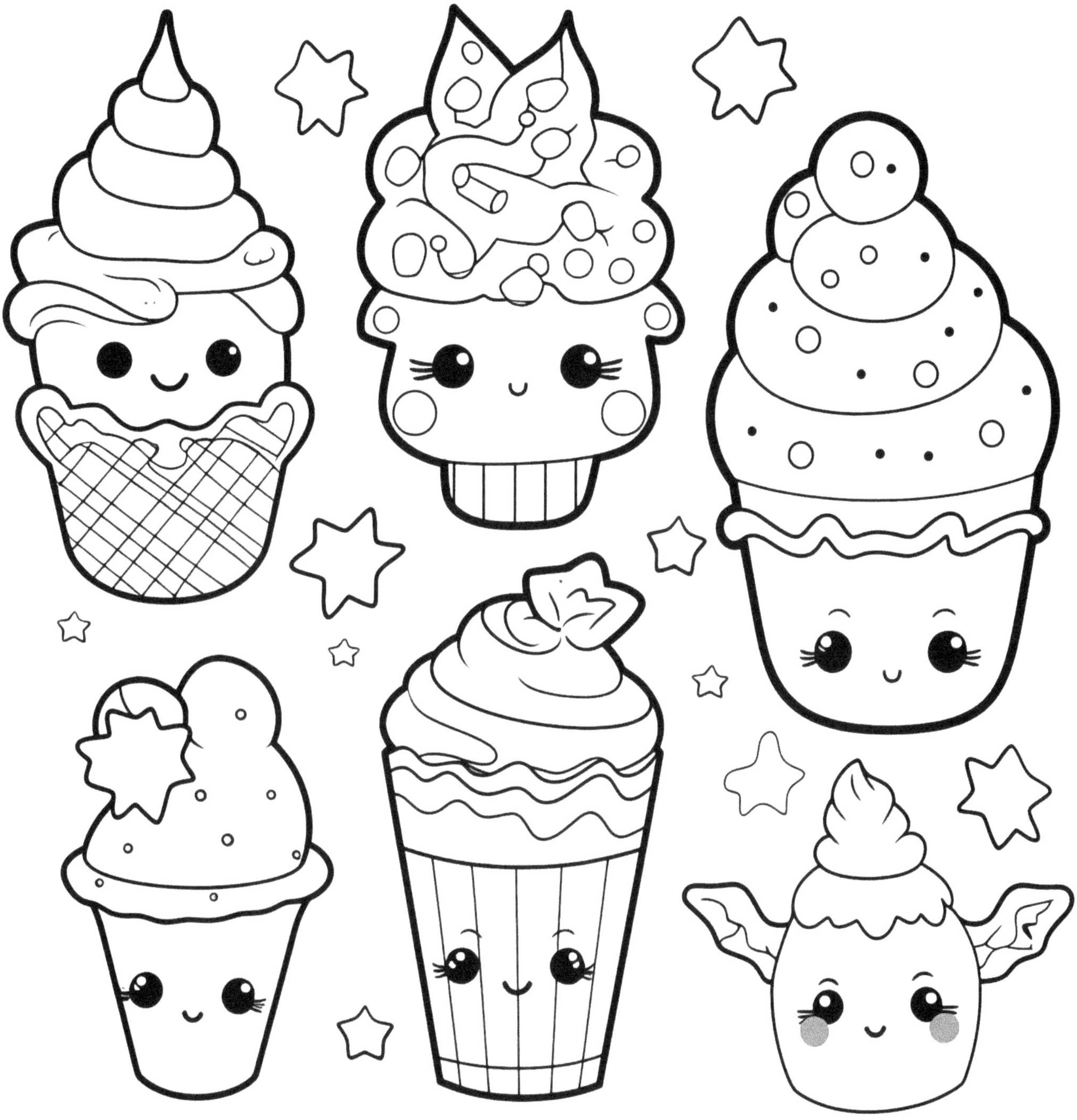

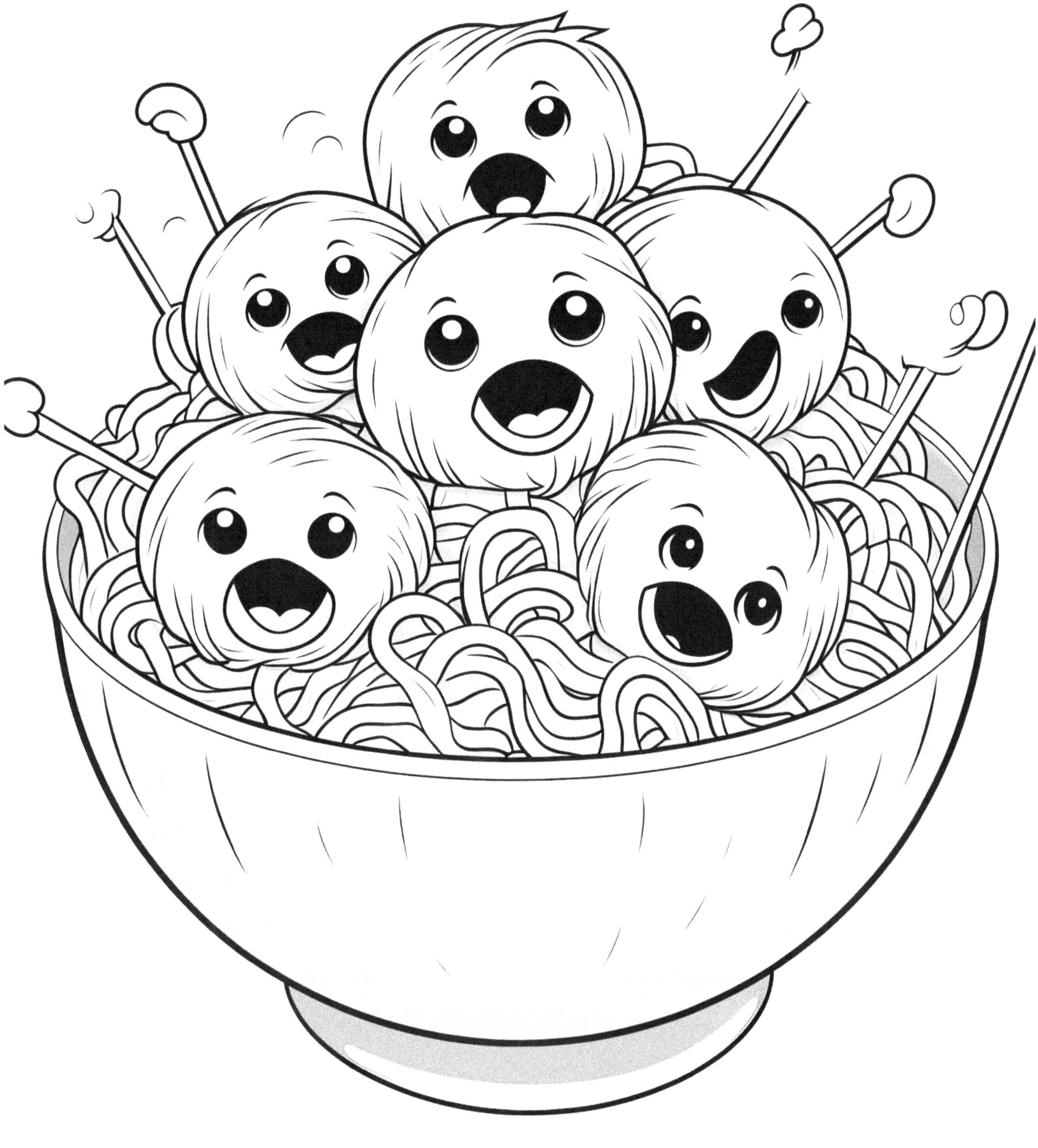

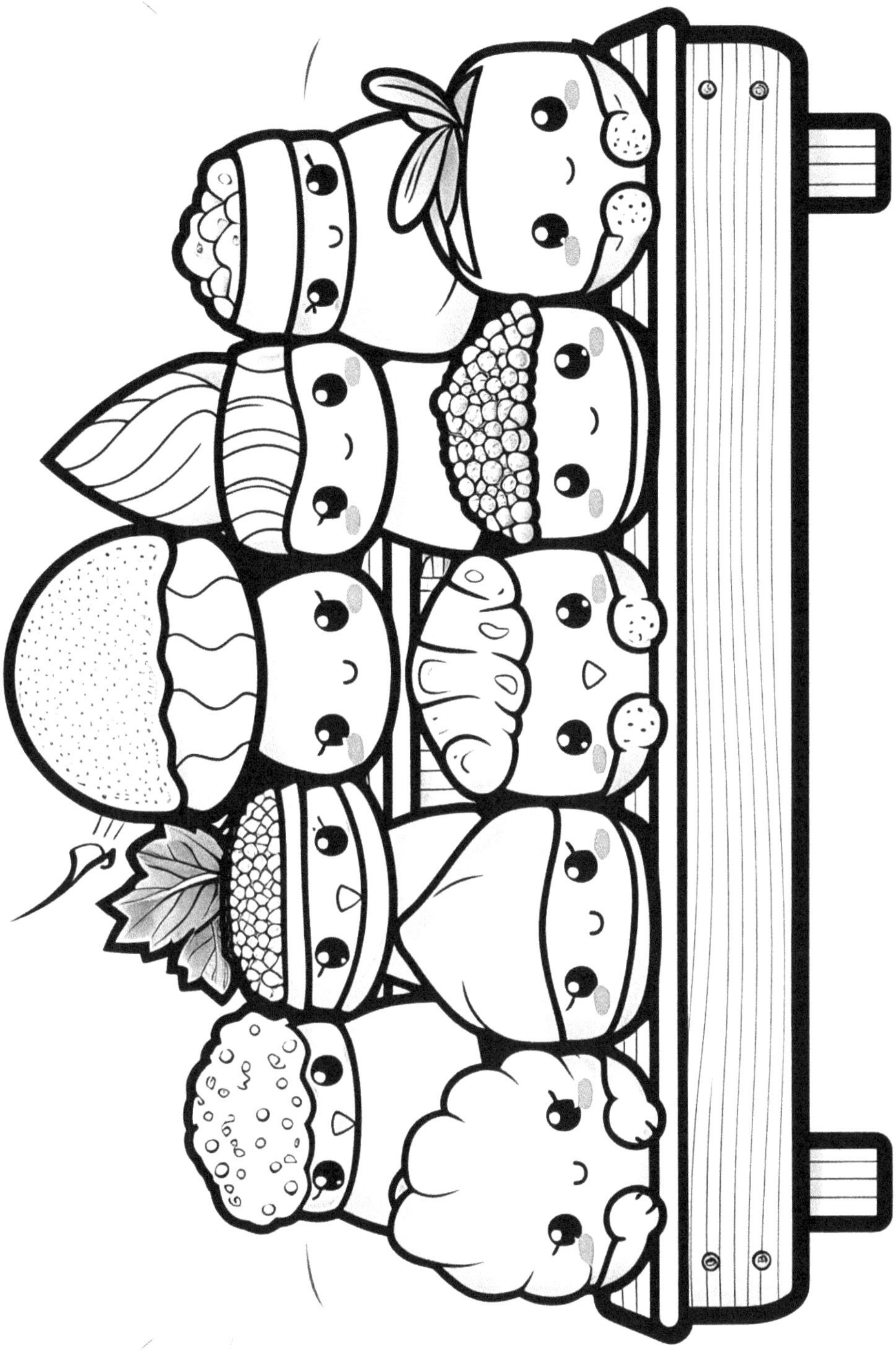

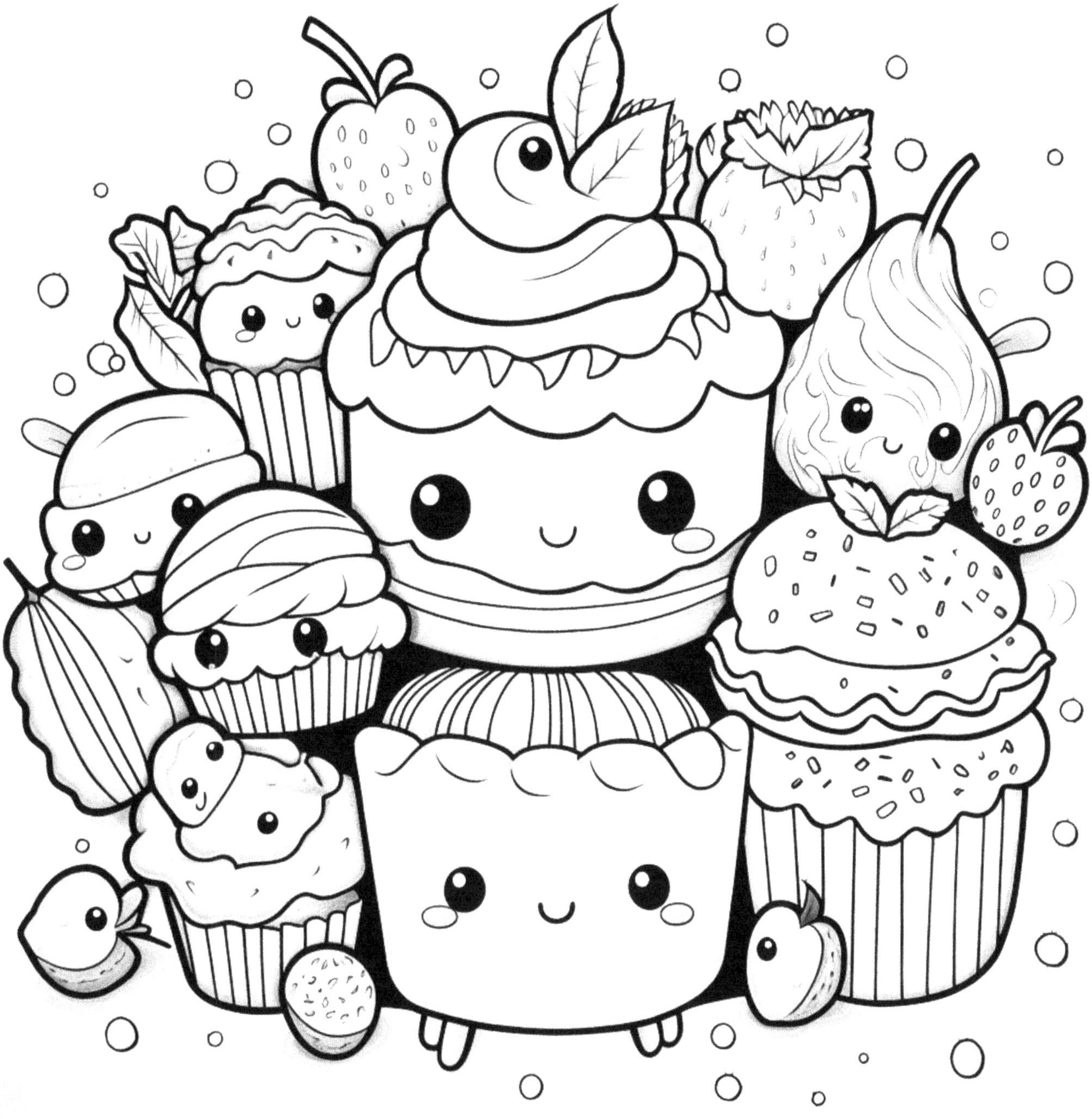

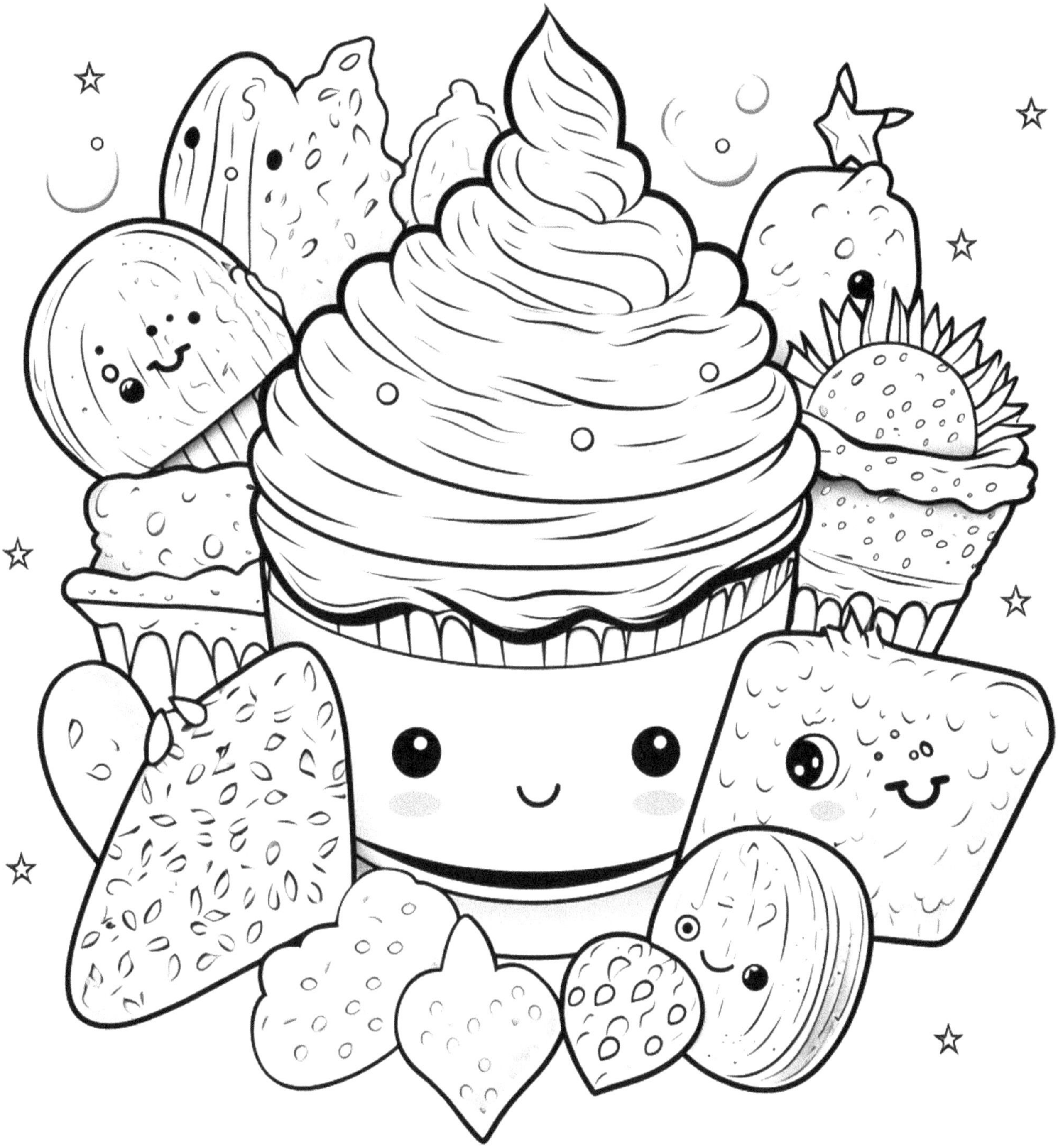

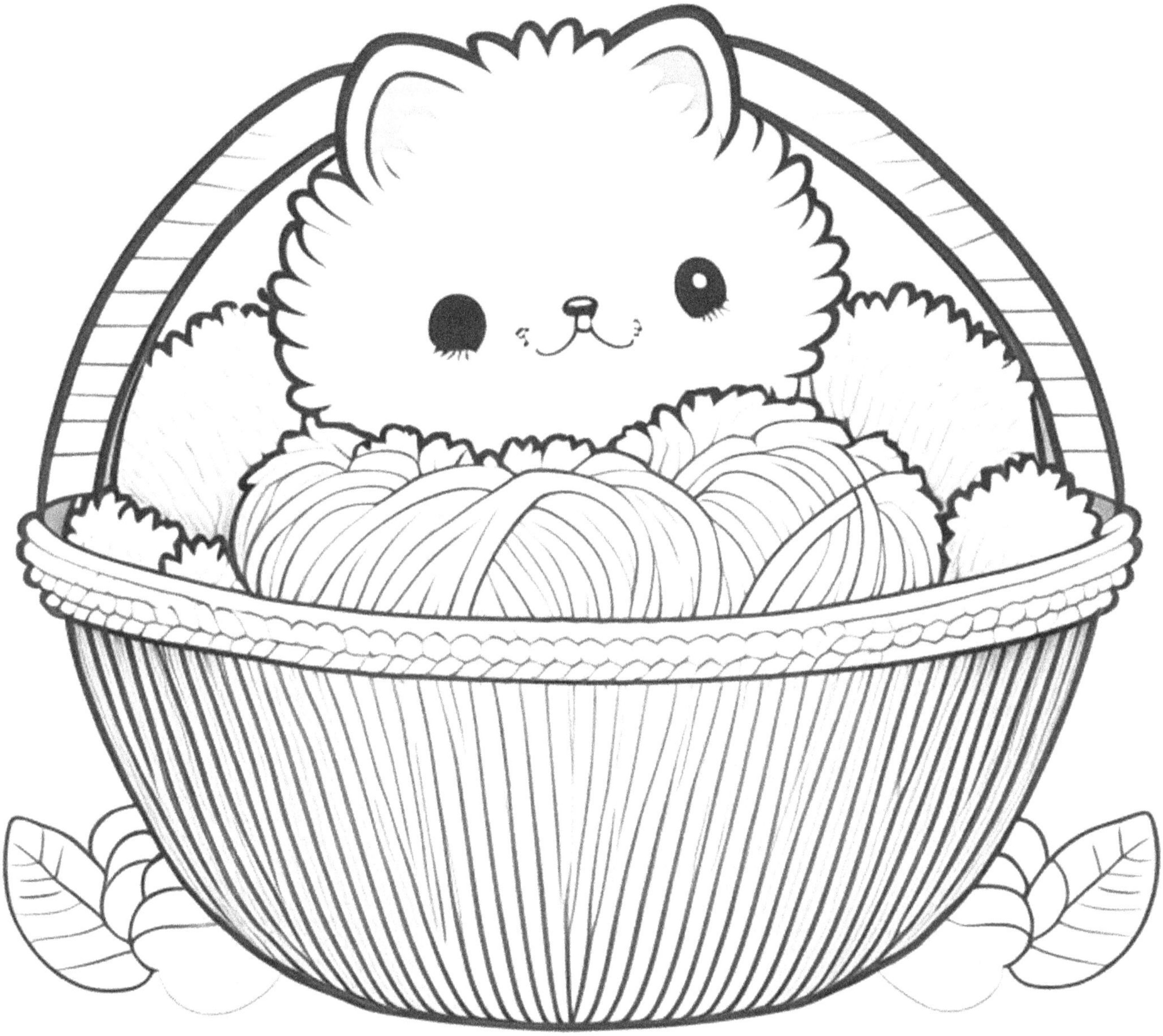

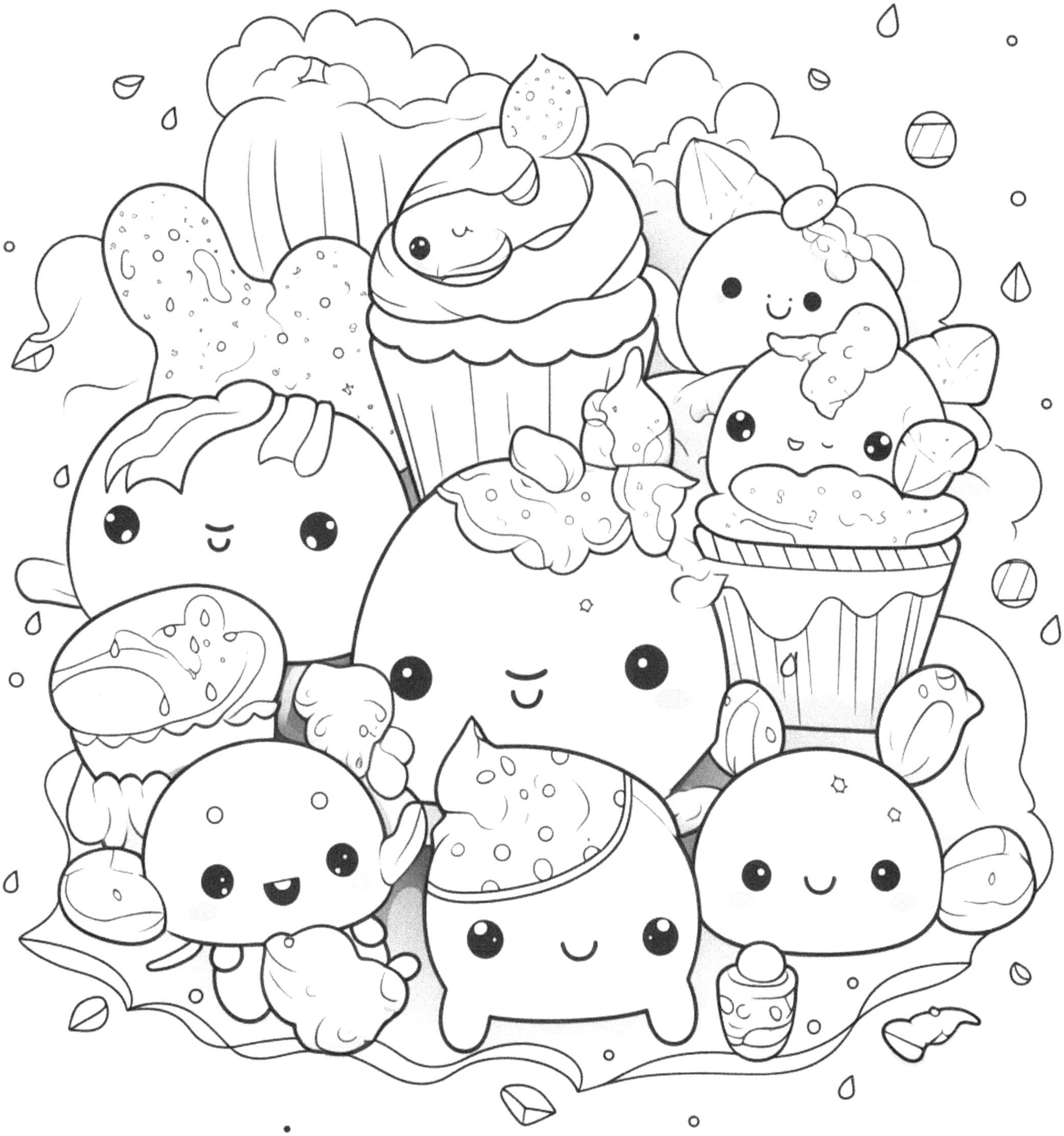

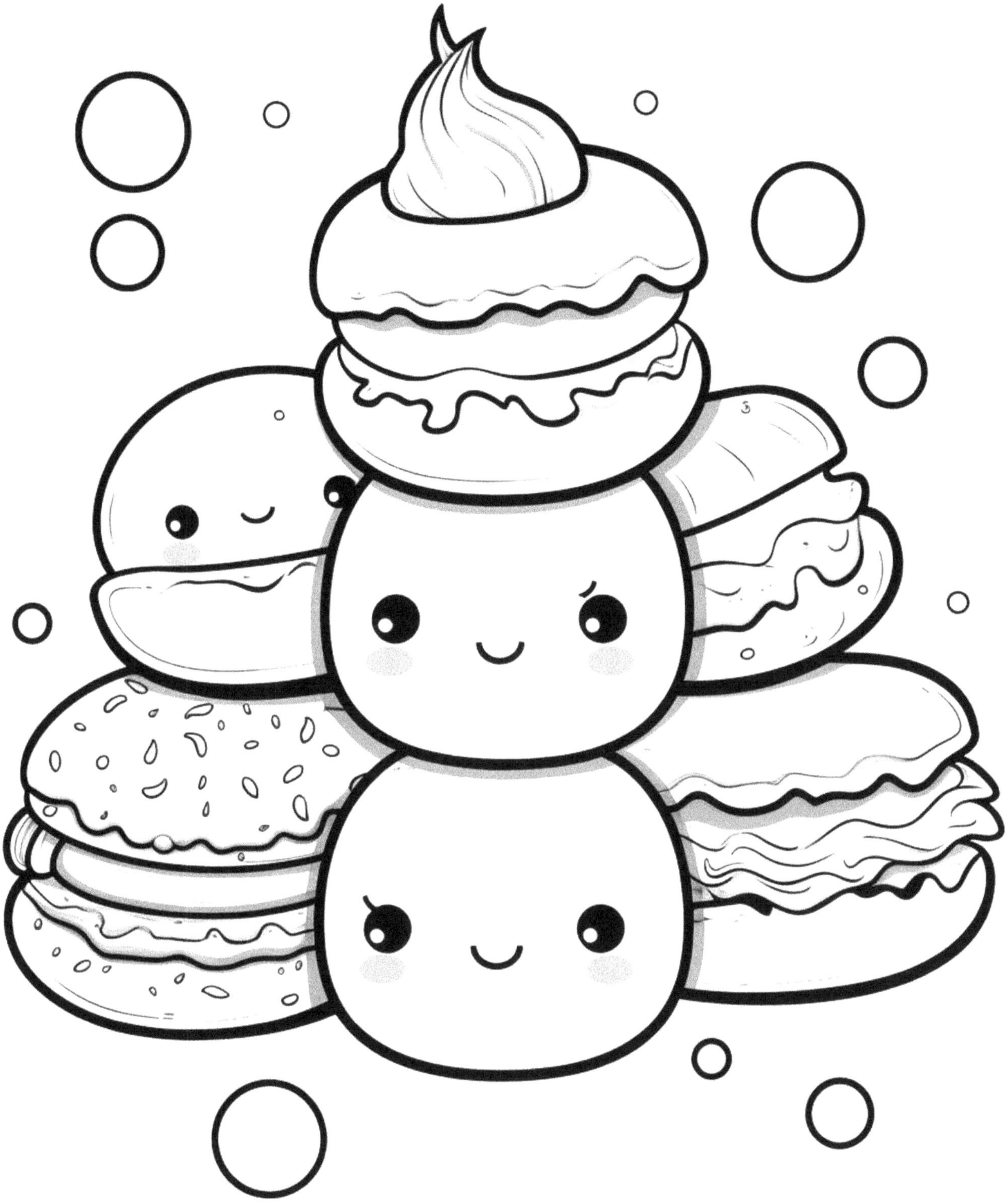

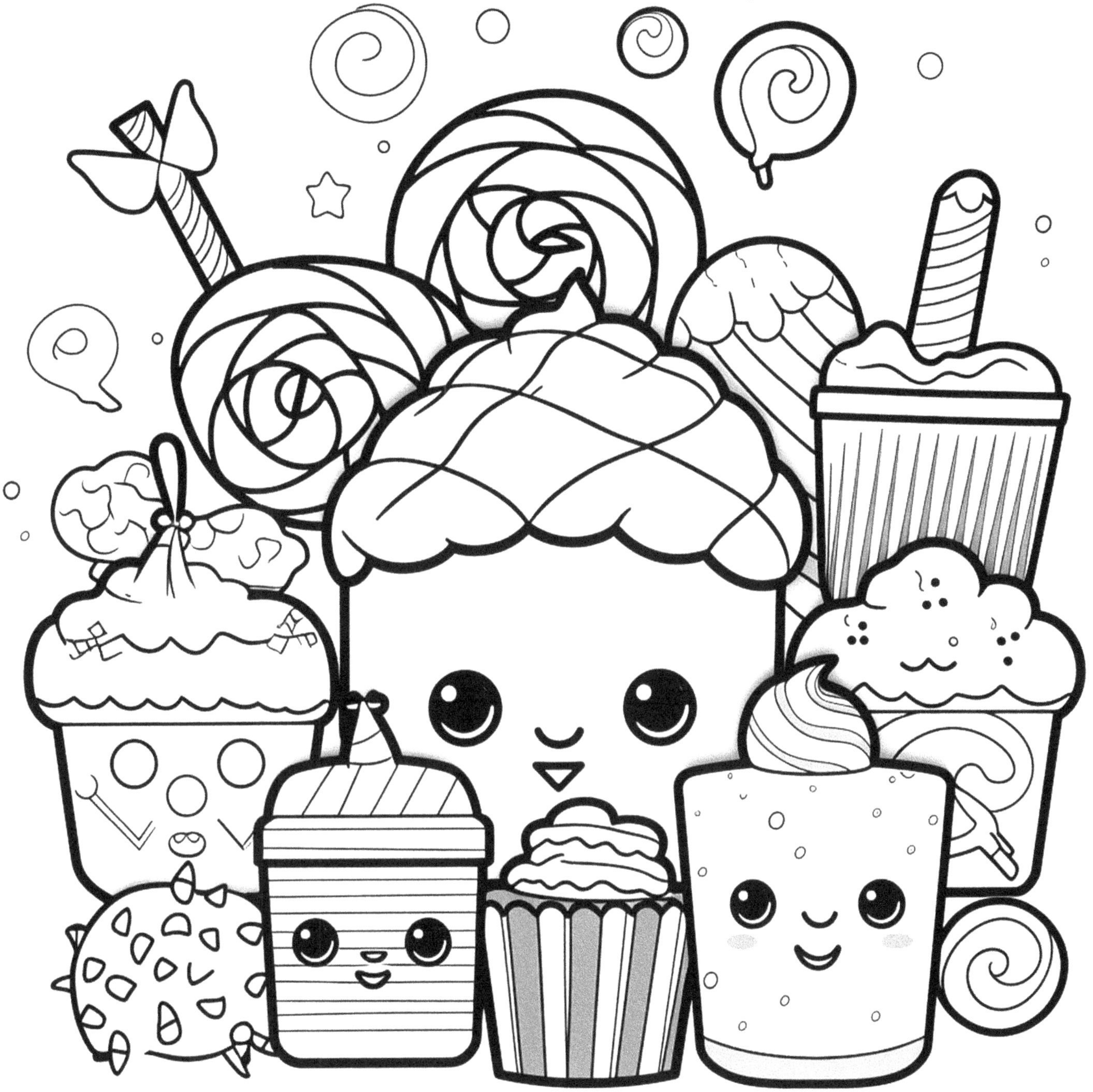

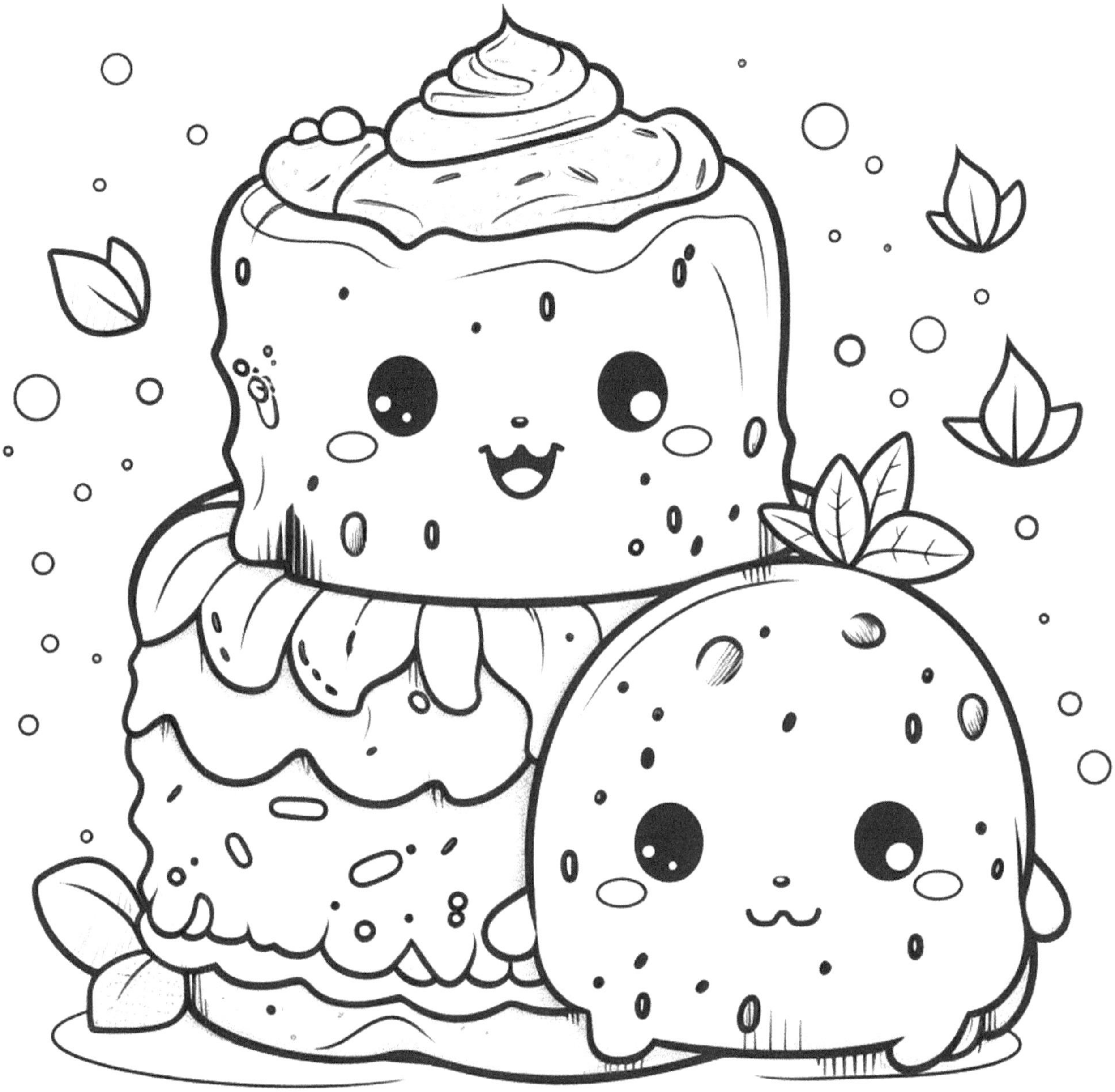

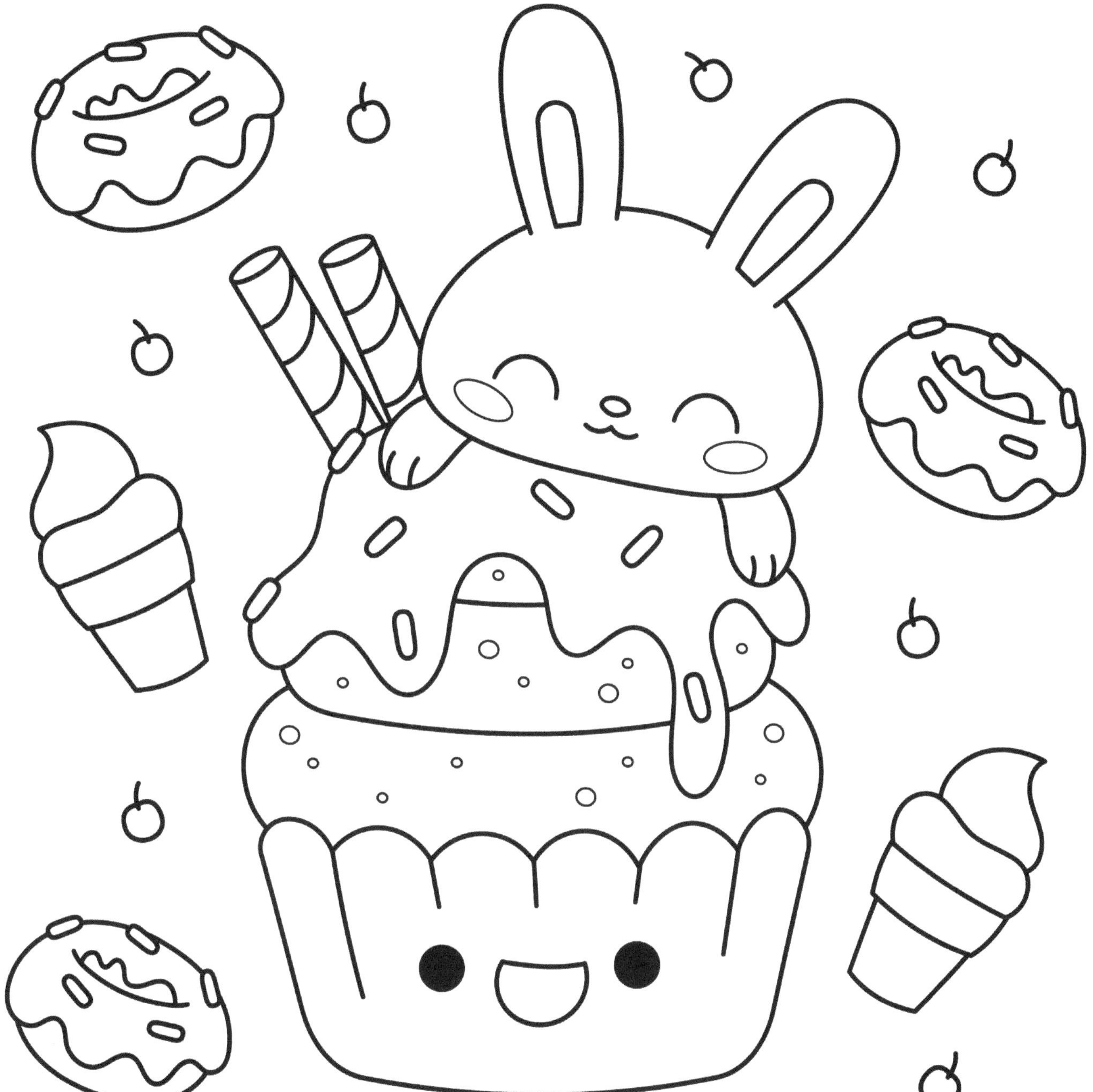

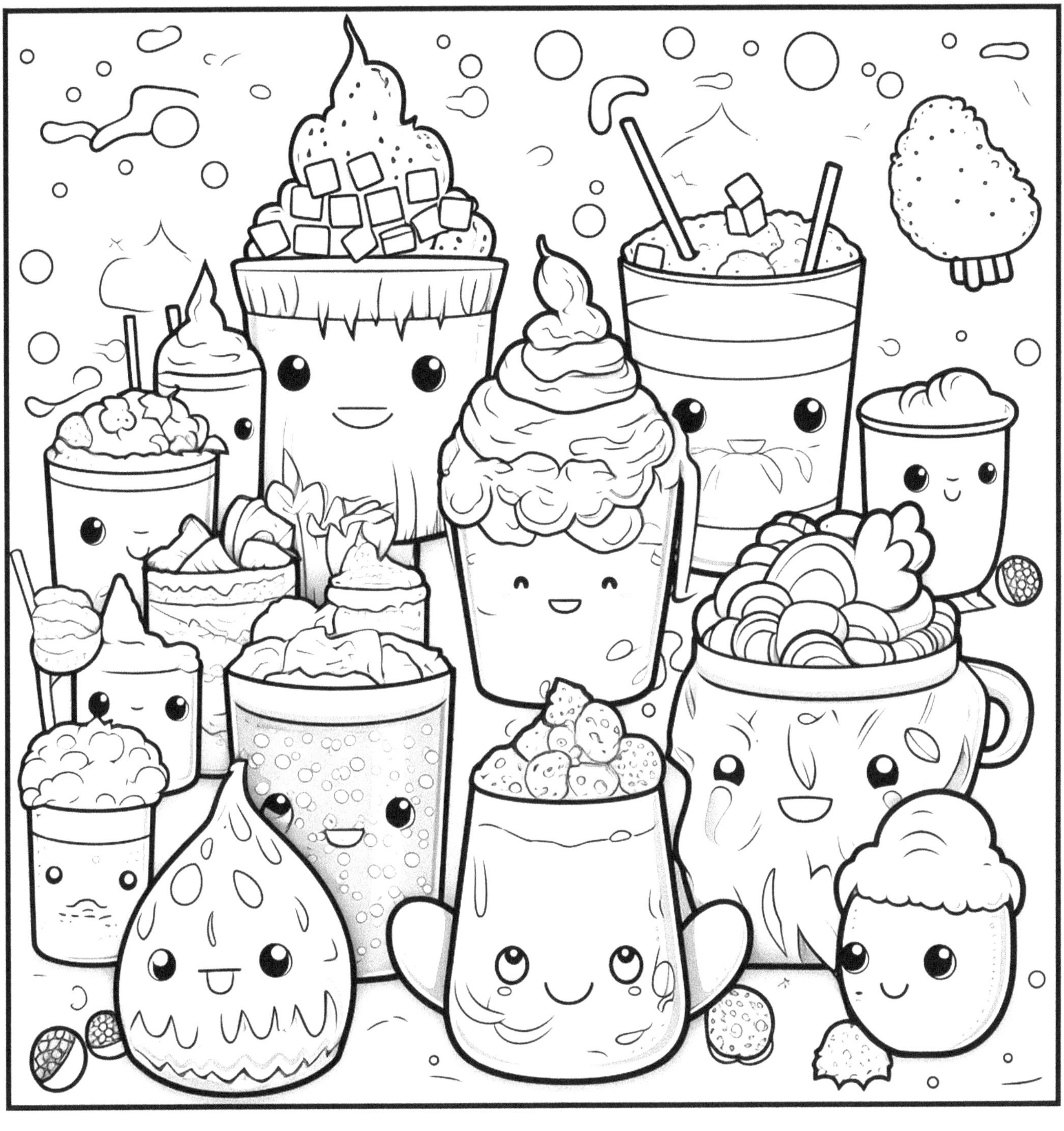

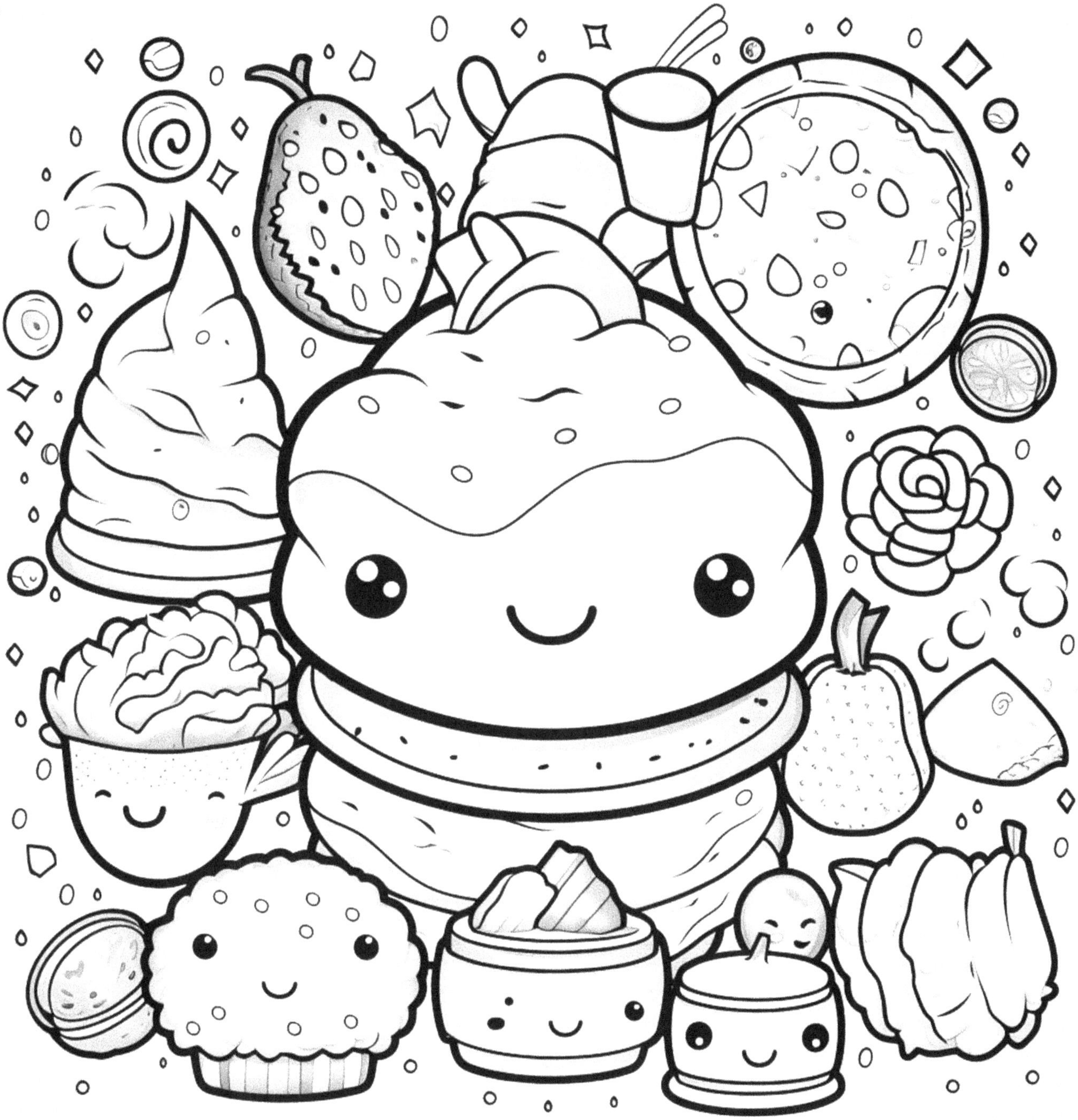

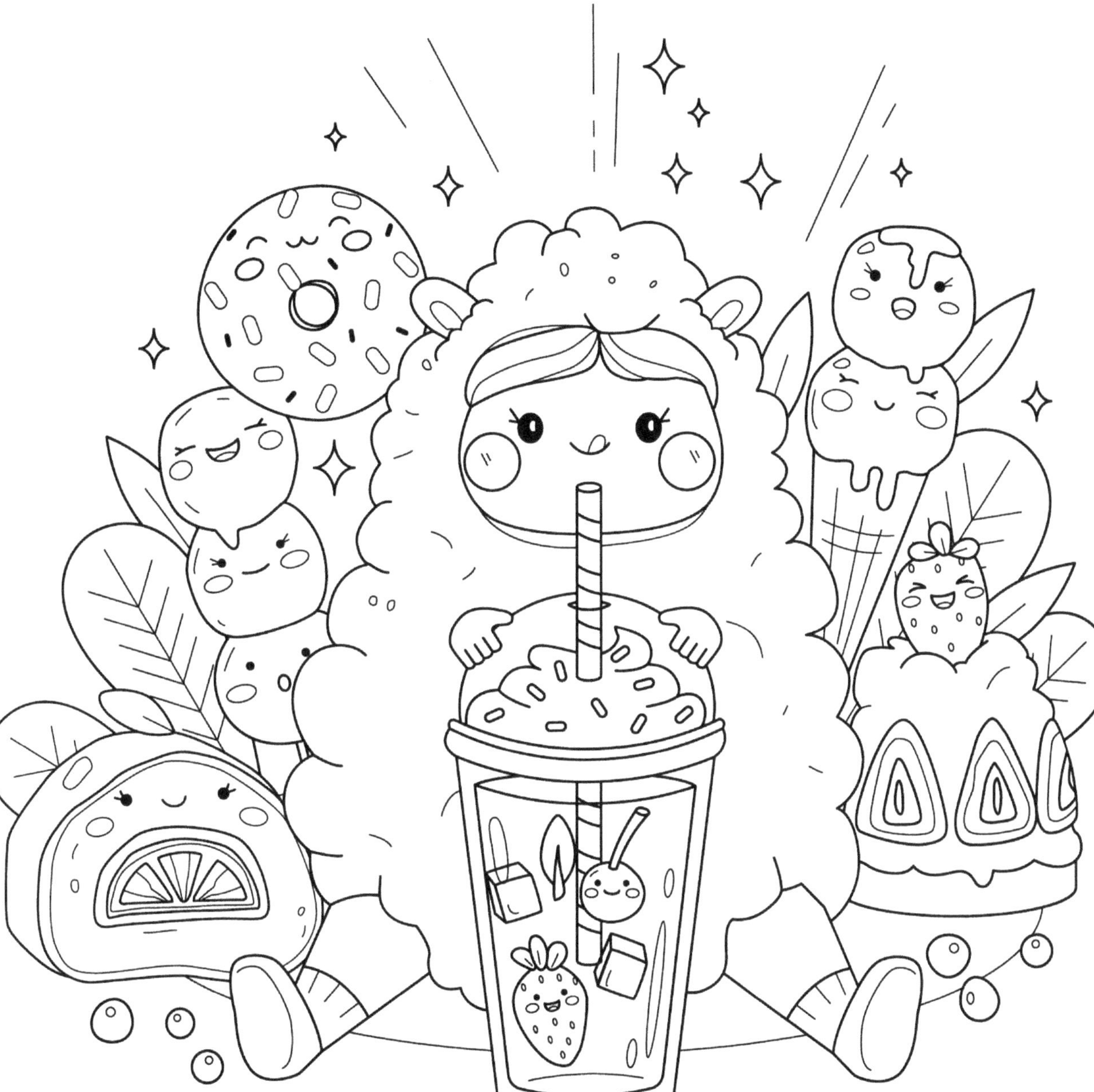

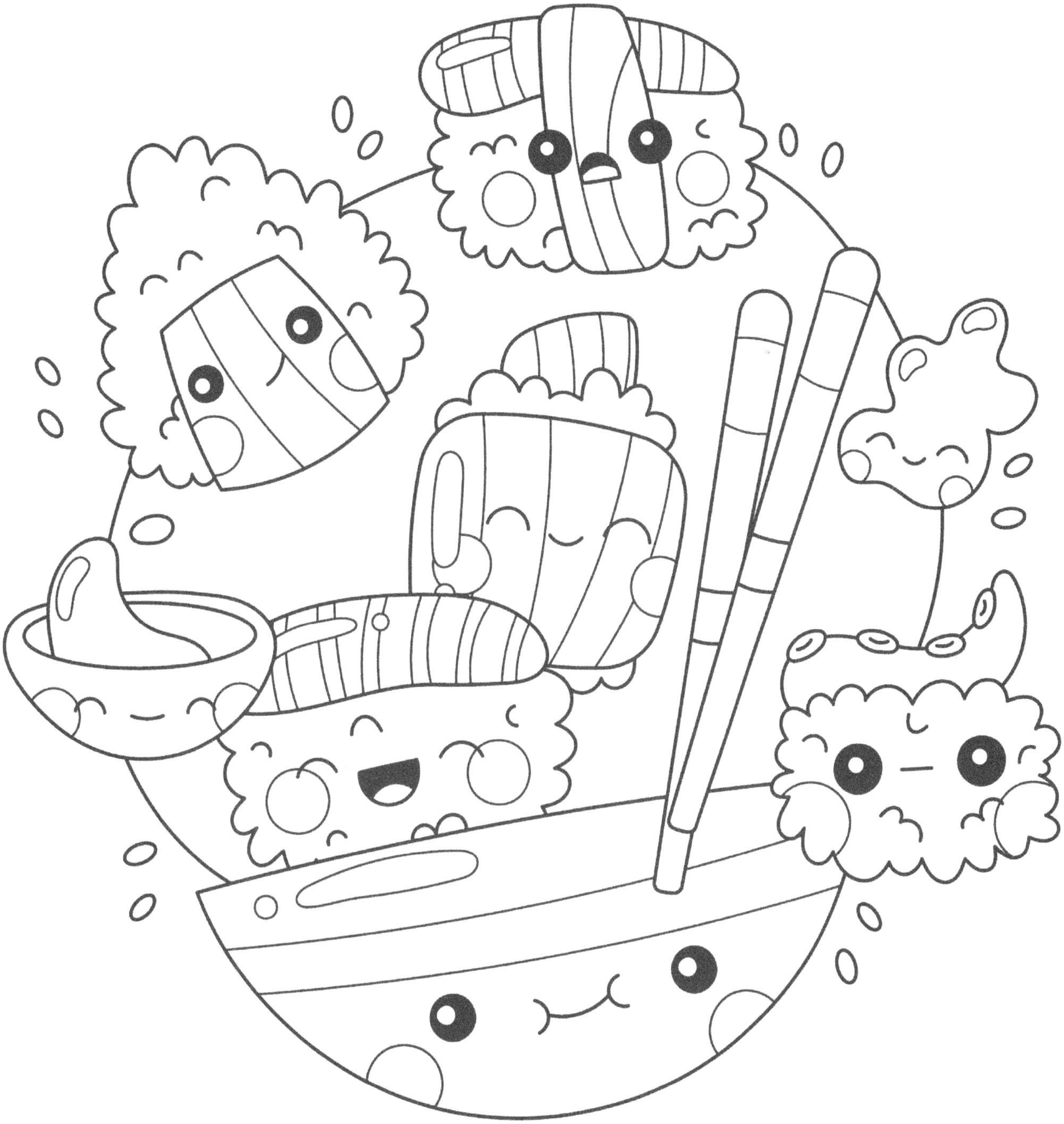

Milton Keynes UK
Ingram Content Group UK Ltd.
UKHW052354010424
440454UK00007B/145

9 798210 721747